UM TRATADO DA VIDA
A MORTE SÚBITA DA MORTE

JOÃO DEMÉTRIO LORICCHIO

Um Tratado da Vida
A Morte Súbita da Morte

© Copyright by Fundação Espírita André Luiz – 2005

1ª Edição – Julho / 2005 – Mundo Maior Editora

Diretoria Editorial: Onofre Astinfero Baptista / Eurípedes Rodrigues dos Reis
Editor: Eurípedes Rodrigues dos Reis
Assistente Editorial: Renata de Carvalho
Conselho Editorial: Arnaldo Epstejn / Gastão de Lima Netto / José Antonio Lombardo
Projeto Gráfico: Renata de Carvalho
Criação de Capa: Raul Rangel
Revisão: Agcal / Elisete de Francisco Falla / Ellen Nice Garcia Amaral

www.mundomaior.com.br
e-mail: feal@feal.com.br

Os direitos autorais desta obra foram doados, pelo autor, para a Fundação Espírita André Luiz.

Mundo Maior Editora
Fundação Espírita André Luiz
Rua Duarte de Azevedo, 728
02036-022 São Paulo / SP
(0___ 11) 6979 2157

Um Tratado da Vida
A Morte Súbita da Morte

João Demétrio Loricchio

Mundo Maior
Editora

Sumário

Apresentação 7

Introdução 9

PRIMEIRA PARTE
VÁRIAS REFLEXÕES SOBRE A "MORTE"

Capítulo 1 – A ciência da "morte" 13
Capítulo 2 – O que é a vida? 23
Capítulo 3 – O corpo somático 31
Capítulo 4 – O instinto de conservação 35
Capítulo 5 – A destruição e a renovação 39
Capítulo 6 – A fobia da "morte", as modalidades da "morte", causas do medo, estágios e fases da "morte" e relatos da Dra. Elizabeth Klüber Ross 45
Capítulo 7 – Origens das cerimônias fúnebres e dos finados : 59

SEGUNDA PARTE
VÁRIAS CONSIDERAÇÕES SOBRE A "MORTE"

Capítulo 1 – As "mortes" prematuras 69
Capítulo 2 – As "mortes" por enfermidades 75
Capítulo 3 – As "mortes" por aborto 81
Capítulo 4 – As "mortes" por suicídio 89
Capítulo 5 – As "mortes" por eutanásia 99
Capítulo 6 – A "morte" de animais 105
Capítulo 7 – A "morte" no evangelho 109
Capítulo 8 – A "morte" de Jesus 117
Capítulo 9 – A visão materialista da "morte" 121
Capítulo 10 – A velhice 129

Capítulo 11 – Considerações biológicas da "morte" 133
Capítulo 12 – Considerações psicológicas da "morte" 141
Capítulo 13 – Previsão da "morte" na legislação brasileira .. 147

TERCEIRA PARTE
ESCLARECIMENTOS ESPÍRITAS SOBRE A "MORTE"

Capítulo 1 – A realidade da "morte" 155
Capítulo 2 – Desencarnação: o que é e como ocorre? 165
Capítulo 3 – Como proceder diante da "morte"? 173
Capítulo 4 – Como se dá a transição após a "morte"? 175
Capítulo 5 – O espírito e seus corpos 177
Capítulo 6 – O porque das "mortes" coletivas 187
Capítulo 7 – A perturbação psicológica depois da "morte" .. 193
Capítulo 8 – O que ocorre na letargia, na catalepsia e na "morte" aparente? 199
Capítulo 9 – Por que esquecemos o passado? 205
Capítulo 10 – A fatalidade existe? 211
Capítulo 11 – O sono de antes e depois da "morte"... 215
Capítulo 12 – Como é a vida depois da "morte"? 219
Capítulo 13 – A sobrevivência e a imortalidade 229
Capítulo 14 – A ressurreição e a reencarnação 235
Capítulo 15 – O que seria a segunda "morte"? 241
Capítulo 16 – Como treinar para a "morte"? 245
Capítulo 17 – A "morte" súbita da "morte"!!! 251

Bibliografia 257

Apresentação

O Delegado de Polícia Dr. João Demétrio Loricchio fez um admirável estudo do tema da "morte", que permanece sendo uma grande incógnita para a existência humana. Como entender e comportar-se diante dela? O Dr. Loricchio pesquisou o assunto profundamente, considerando diversos e diferentes aspectos e abordagens. Apesar da "morte" já ter sido objeto de vários livros e reflexões, o diferencial desta obra é que ela enfocou a matéria sob os dois principais aspectos (materialista e espiritualista), ficando demonstrado que a "morte" "morreu", desde o advento do Espiritismo em 1857, pois de modo algum ela é o fim da Vida. Espírita convicto, o autor teve oportunidade de escrever um verdadeiro libelo da Vida, aproveitando as luzes dos ensinamentos espíritas, trazendo valiosos esclarecimentos sobre um tema de grande interesse para qualquer criatura. Por estes motivos, este livro será lido com proveito por todos que querem melhor compreender o porquê da vida e sua finalidade na Terra...

São Paulo, Outubro de 2004

Washington Luiz Nogueira Fernandes
Procurador do Estado, Escritor, Pesquisador, Articulista e Orador Espírita

Introdução

O presente livro não é resultado de cogitações religiosas sobre a "morte" e tampouco está relacionado com crendices e superstições, pelo contrário, é o produto de longas experiências com a "morte", no dia-a-dia de um delegado de polícia, nas mais variadas formas. Assim, prevalecem técnicas e experiências no estudo da "morte".

Concomitantemente a essa pesquisa, unimos a observação mediúnica, por intermédio de oportunidades relacionadas com o "desdobramento espontâneo", que veio nos trazer a convicção do que iremos descrever sobre a "morte". Neste trabalho, já não mais despretensioso, mas, sim, pretensioso no sentido de demonstrar a "morte súbita, da morte", no qual adiciono outras pesquisas laboriosas de iminentes pesquisadores, cientistas e filósofos que mergulharam no propósito de trazerem a luz da verdade, o que foi milenarmente obscurecido por interesses vinculados aos dogmas e ao temor.

Acrescentamos, ainda, trabalho jurídico inédito que envolve a "morte", num conjunto de estudos com a Ciência, a Filosofia e a Religião raciocinada, trazendo evidências concretas sobre a vida eterna do ser inteligente e, audaciosamente, solicitamos aos nossos ilustres dicionaristas, que adicionem aos sinônimos já existentes sobre a "morte", a expressão *transformação*, por não existir, na realidade, até então, significado algum para ela, em virtude de ficar provado que nada "morre", mas que tudo se transforma.

Sabiamente, Carlos Imbassahy diz que "a "morte" mostrou a sua face verdadeira, a de simples metamorfose, pela qual passa a criatura humana, como passa a lagarta para se tornar borboleta"[1]. Razão que irão notar em toda extensão desse compêndio a expressão "morte" sempre entre aspas por não ter, na verdade, o significado que deram até hoje.

De outro lado, as religiões tradicionais, unanimemente, admitem a sobrevivência do Espírito, porém arraigadas aos seus dogmas e distanciadas da Ciência, não conseguem trazer noções racionais sobre essa sobrevivência "post-mortem" do corpo físico. Além do mais, intensificam, sobremaneira, levar um temor punitivo, nas caldeiras do inferno, para aqueles que praticam erros humanos, sem admitirem perdão, mesmo de um Pai infinitamente misericordioso.

Nossa intenção, ao estudarmos a "morte", foi com o escopo de trazermos esclarecedores entendimentos para todos, desvinculando de tudo que foi criado de lúgubre, arrepiante, temeroso e assustador que conseguiram ligar à "morte", acuando o ser humano diante de um fato natural e normal que é nascer e morrer na carne. Ao falarmos da "morte" estaremos diretamente tratando da vida e das inúmeras existências dadas por Deus para essa vida, pois o Evangelho nos ensina que "Deus é dos vivos e não dos mortos". (Mateus 22:32)

A "morte" faz parte da vida.

A Tanatologia, matéria da Medicina Legal que estuda a "morte" e o cadáver, nos tempos atuais, desmorona o tabu da "morte" e transforma numa realidade coerente, dentro da evolução da humanidade, os chamados "fenômenos paranormais" que ocorrem com os doentes terminais e na chamada "morte aparente".

---

[1] O Que é a Morte. Editora Cultural Espírita Ltda. SP. 2ª Ed. 1978

Como decorrência, a "morte" está sendo encarada com maior naturalidade, despida daqueles parâmetros fúnebres e lúgubres de décadas passadas. Neste particular, a contribuição do Espiritismo é inegável e valiosamente significativa para desmistificar a "morte", não mais se encarando como algo terrível, assustador e um caminho sem volta.

A "morte", mais precisamente o desencarne, é apenas e tão-somente uma transmutação profunda psicobiofísica, que vai refletir intensamente em outro plano vibratório. A cultura e a personalidade que cada um levar imantado em seu Espírito é o que vai se manifestar na vida de relação do plano espiritual, plano esse, que será compatível com seu grau energético conquistado em sua última experiência reencarnatória.

Cremos que não mais se ouvirá falar por parte dos materialistas, que a "morte" é o fim de tudo e que a inteligência é proveniente do cérebro humano, fato hoje já amplamente desacreditado. Portanto, do mesmo modo que o Cristianismo eliminou o Paganismo de outrora, o Espiritismo faz desacreditar o Materialismo de hoje.

J. Demétrio Loricchio

PRIMEIRA PARTE
VÁRIAS REFLEXÕES SOBRE A "MORTE"

Capítulo I

A ciência da "morte" (Tanatologia)

Tanatologia, do grego *thanatos* ("morte") e *logos* (ciência), exprime a soma de conhecimentos científicos relativos à "morte". [1] É matéria que compõe ramo da Medicina Legal, que trata, especialmente, da "morte" e de tudo que se relaciona com os cadáveres, sob o ponto de vista médico-legal.

Já Tanatologia Forense é o capítulo da Medicina Legal no qual se estuda a "morte" e as conseqüências jurídicas a ela inerentes. Assim, cuida dos problemas relacionados com a "morte" naquilo que possa interessar ao Direito. O saudoso e pranteado professor de Medicina Forense da Faculdade de Medicina da Universidade de São Paulo, Doutor Oswaldo Guilherme Arbenz, assevera que "como não se pode definir a vida, é teoricamente impossível conceituar a "morte", dessa forma deveria bastar-nos compreender e aceitar essa única e insofismável verdade".

A preocupação básica da Medicina Forense é estabelecer o vínculo entre o fato biológico e as conseqüências jurídicas dele resultantes, razão deste estudo ser muito importante, pois com a "morte" física cessa a personalidade civil, dando lugar a uma sé-

---

[1] *Vocabulário Jurídico*. De Plácido e Silva. Editora Forense. 1997. RJ.

rie de conseqüências jurídicas da mais alta relevância. Trata-se, em última análise, de uma relação temporal entre causa e efeito, visto que a causa sempre antecede, cronologicamente, ao efeito. O conceito de "morte" está indissoluvelmente ligado ao conceito cronotanatodiagnóstico, ou seja, o conhecimento do tempo transcorrido desde o momento em que ocorreu o êxito letal, fato que se apresenta na doutrina médico-forense marcado pelo estigma do pessimismo, razão que levou o cientista Orfila a asseverar ser "uma tarefa superior às forças humanas".

A este respeito, outro cientista nesta área, Zangger, afirmou que datar fenômenos biológicos é uma das tarefas fundamentais e mais difíceis da Biologia. Na realidade, para situar um acontecimento no tempo, precisa-se ter um conceito claro do que seja o tempo. Fugindo das conceituações matemáticas ou filosóficas de tempo, aceitaremos a conceituação popular de tempo, ou seja, a grandeza que se mede em minutos, horas, dias, meses, anos ou séculos. Embora simplista e empírica, é a única que se nos afigura capaz de contribuir para a solução do problema, o da conceituação de "morte".

A delimitação cronológica da "morte" é de relevante valor jurídico, quer em sentido absoluto, bastando lembrar a importância que tem para o Direito o estabelecimento do momento do óbito, como ocorre, por exemplo, nas sucessões de herança, quer em sentido relativo, ao relacionar temporalmente a "morte" com eventos não ligados diretamente com ela, como é o caso, por exemplo, dos problemas ligados à *comoriência*. [2]

Os avanços tecnológicos da ciência médica têm feito surgir uma problemática nova, para a qual é de importância cru-

---

[2] Derivado do verbo latino *commori*, para indicar a "morte" de duas ou mais pessoas, ocorrida simultaneamente, sem que se possa, a rigor, determinar qual delas tenha falecido em primeiro lugar e, assim, qual a que morreu depois, para fins de herança.

cial o conhecimento do tempo transcorrido desde a ocorrência do êxito letal: é a surgida com a necessidade de retirar partes cadavéricas destinadas a transplantes; por isto, a determinação do momento da "morte" deve ser feita com a máxima precisão e precocidade possíveis a fim de retirar as partes cadavéricas, não antes da real "morte", e em condições ótimas para serem transplantadas.

Para se estar em condições de fixar a cronologia da falência dos órgãos físicos é preciso que se estabeleça o conceito de "morte". Segundo o mestre em Medicina Legal, Prof. Dr. Odon Ramos Maranhão[3], a "morte" "se expressa por um complexo e dinâmico conjunto de fenômenos bioquímicos regidos por leis fixas, cujo funcionamento normal se traduz num equilíbrio biológico e físico-químico, bem como em valores orgânicos constantes. Quando ocorre a "morte", essas leis deixam de ser válidas e o corpo inerme sofre influências de ordem física, química e microbiana, bem como do próprio meio interno". Ainda diz mais: "O organismo que consumiu suas reservas vitais e em que a "morte" se instalou em definitivo passa a ser um cadáver. Porém, órgãos, sistemas, tecidos, etc. não morrem ao mesmo tempo: há graus de vida e há graus de "morte". Assim, a "morte" há de ser entendida mais como "processo", do que como "fato instantâneo".

Assim, não se sabendo definir o que é vida, não há como definir a chamada "morte". Portanto, apesar do avanço tecnológico da medicina na atualidade, ainda não se chegou a uma definição concreta por existirem inúmeras dúvidas quanto ao momento da "morte" orgânica, em decorrência justamente do desconhecimento real do que se trata a vida.

---

[3] do livro: *Curso Básico de Medicina Legal*. Malheiros Editores Ltda. 8ª edição. SP. 1996

Em que pese toda essa polêmica que só será esclarecida com os avanços dos estudos numa ciência holística e da própria evolução humana, faz-se necessário um conceito, em vista do que já se apurou até então, ficando de forma geral conceituado que "morte" é a cessação total e permanente das funções vitais. Não se devendo confundir o morrer com a "morte" – aquele é o processo que culmina com esta – e, além disso, é assim que a lei o endossa, sem procurar se aprofundar em seus detalhes. Durante muitos anos, acreditou-se que definir a "morte" era uma redundância, pois "a "morte" era a "morte", e nada mais".

Entretanto, este conceito, tradicionalmente aceito, considerado por muito tempo ponto pacífico, está sendo revisto diante das novas conquistas sobre a vida e dos modernos processos de transplantes de órgãos e tecidos cadavéricos, convertendo-se, de repente, em centro de dúvidas, de acaloradas e apaixonadas controvérsias e de polêmicas.

O problema surgiu claramente ao se constatar que o corpo mantido com circulação extracorpórea, por meio de aparelhagem ultramoderna, não é um cadáver, apesar de falta de sinais evidentes de vida. Sabemos que a "morte" não é, geralmente, um fenômeno instantâneo, mas antes um processo que se alonga no tempo. Já D'Halluin, em 1905, afirmava que a "morte" processa-se por etapas: "A "morte" não é a parada total e instantânea da vida, senão um fenômeno lento e progressivo". No mesmo sentido posiciona-se Veloso França ao afirmar que "a "morte" se produz por etapas sucessivas, em determinado espaço de tempo, e, por isso, não é ela simplesmente um momento ou um instante, mas um verdadeiro processo".

Diante das dificuldades que a parada cardiocirculatória apresentava como definidora do momento da "morte", passou-se a avaliar, com esta finalidade, a parada do funcionamento cerebral. Já Urieta afirmava, em 1883, que a "morte" cerebral, isto é, a irreversível perda de todas as funções cerebrais, podia ser reconhecida como base para se declarar a pessoa morta. O critério de "morte" cerebral é baseado na extinção da atividade elétrica do cérebro, tanto do córtex como das estruturas mais profundas. Um traçado eletroencefalográfico isoelétrico é índice de "morte" somente quando persistente.

A Sociedade Alemã de Cirurgia exige, para se afirmar a realidade da "morte", um mínimo de doze horas de inconsciência, sem respiração espontânea, midríase bilateral (Pupila dilatada e não reativa) e traçado eletroencefalográfico isoelétrico (traçado retilíneo sem qualquer impulso e sem atividade elétrica cerebral), ou que o angiograma ou angiografia (Injeção de contraste por meio da artéria carótida; ausência de circulação de perfusão de sangue cerebral: carotidangiografia) cessação de circulação intracraniana durante no mínimo 30 minutos. Não restam dúvidas de que são as condições cerebrais, como um todo, as que comandam o término da "morte" relativa.

Embora a "morte" seja um processo que se prolonga no tempo, para fins forenses, é preciso atribuir-lhe um momento, o chamado "momento da "morte". A dificuldade é aparentemente enorme, pois o médico deve identificar o conceito jurídico de "morte" (que é instantâneo) ao conceito biológico (que é processo temporal).

O problema restringe-se, na realidade, à determinação da transição da fase de "morte relativa" (potencialmente reversível) para a fase de "morte intermédia" (já irreversível). Neste sentido posicionou-se o Congresso Mundial de Médicos, reunido na Austrália em 1968, de que resultou a famosa Declaração de Sydney, na qual se afirma que o momento da "morte" das diferentes células do organismo é menos importante do que a certeza da irreversibilidade do processo letal.

Resumindo, o conceito biológico de "morte" é o de um processo que se prolonga no tempo, no qual é possível diferenciar algumas etapas: a primeira é a de "morte relativa", ainda passível de reversibilidade, cujas características desconhecemos, inclusive ignoramos sua duração: a segunda é a de "morte intermédia", caracterizada pela irreversibilidade do processo letal e a permanência de formas residuais de vida em nível meramente histológico; a terceira é representada pela "morte absoluta" na qual, tendo-se esgotado os potenciais energéticos responsáveis pelos fenômenos supravitais, desaparece qualquer forma de vida.

Na realidade, não se dispõe de um único sinal seguro de "morte", suficientemente precoce, para atender às modernas exigências impostas pela necessidade de retirar órgãos cadavéricos destinados a transplantes. Vimos que a parada cardíaca não significa forçosamente a ocorrência de êxito letal e nem a persistência dos batimentos cardíacos representam sempre a existência de vida. Vimos, igualmente, que o traçado eletroencefalográfico isoelétrico nem sempre equivale à "morte cerebral".

Portanto, a "morte", como elemento definidor do fim da pessoa, não pode ser explicada pela parada de um determinado órgão ou tecido, por mais hierarquizados e indispensáveis que sejam. É na extinção do complexo pessoal, representado por um conjunto, que não era constituído só de estruturas e funções, mas de uma representação global. O que morre é o conjunto que se associava para a integração de uma personalidade. Daí a necessidade de não se admitir em um só sistema o plano definidor da "morte".

Por estes estudos científicos, a "morte" veio a ser classificada, em relação à sua própria ocorrência em:

a) "Morte Anatômica": corresponde ao cessamento total e permanente de todas as grandes funções do organismo entre si e com o meio ambiente;

b) "Morte Histológica": é um processo decorrente da "Morte Anatômica" na qual ocorre que os tecidos e as células dos órgãos e sistemas morrem paulatinamente;

c) "Morte Aparente": é um estado em que o indivíduo parece estar morto, mas está vivo por débil persistência da circulação. Esse estado pode durar horas, notadamente nos casos de "morte" súbita por asfixia-submersão e nos recém-natos. Esse estado já levou muitos a serem sepultados vivos. A Medicina afirma que tais pessoas não estavam mortas e sim em estado de *letargia* ou *catalepsia*. Há registro de vários casos de sepultamento com vida e a que ficou mais conhecida foi do ator Sérgio Cardoso, cuja exumação feita, constatou-se que seu corpo encontrava-se em decúbito ventral.

d) "Morte Relativa": é aquela em que o indivíduo jaz como morto, vitimado por parada cardíaca diagnosticada pela ausência de pulso em artéria calibrosa, associada à perda de consciência, cianose e palidez. São casos que, se submetidos em tempo hábil à massagem cardíaca, poderão retornar à vida.

e) "Morte Intermédia": é um estado, admitido por alguns autores, que precede a "morte real ou absoluta" e sucede a "Morte Relativa", e em que, em inúmeras circunstâncias, alguns indivíduos, após recobrarem a consciência, tiveram a sensação de ter saído de seus corpos, flutuando no espaço, sentindo-se como se verdadeiramente mortos estivessem. São os estudos referentes à chamada "Quase-Morte".

f) "Morte Real": é a "morte" na acepção técnica da palavra, chamada também por "morte absoluta", ou seja, aquela que não admite retorno, sendo que neste estado todos os órgãos estão parados, desaparecendo todas as atividades biológicas do organismo. É o ato que cessa a personalidade jurídica do indivíduo e a conexão orgânica, por inibição da força de coesão intermolecular e o iniciar da decomposição do cadáver, até o limite natural dos componentes minerais do corpo (água, sais, carbonos, etc.) que passam a integrar outras formas de organizações celulares complexas em eterna renovação, como átomos químicos advindos dos despojos estivessem unidos aos átomos de todo o universo.

Existem ainda outras expressões usadas na medicina com referência à "morte", como vamos elencar, a seguir:

1 – "Morte Cerebral": termo usado a partir da era dos transplantes de órgãos e tecidos, caracterizada pela cessação da atividade elétrica do cérebro e pela persistência de um traçado isoelétrico plano ou nulo;

2 – "Morte Circulatória": é um estado determinado por parada cardíaca irreversível à massagem do coração e às demais técnicas nessa eventualidade:

3 – "Morte Agônica": é aquela em que a extinção desarmônica das funções vitais processa-se paulatinamente, por vezes, num tempo relativamente longo;

4 – "Morte Súbita": é aquela que ocorre de forma imprevista, ou, no máximo, em alguns minutos, precedida ou não de agonia, e motivada por doenças (não aparentes), ruptura de vísceras ocas e/ou maciças, choque hemorrágico, anafilático, obstétrico, ação da eletricidade cósmica ou industrial.

TANATOGNOSE

A Tanatognose estuda o diagnóstico da realidade da "morte". Esse diagnóstico será tanto mais difícil quanto mais próximo o momento da "morte". Para a diagnose desta realidade, é indispensável o estudo dos "fenômenos cadavéricos".

Para afirmar a realidade da "morte" observam-se os seguintes tipos de fenômenos cadavéricos: *abióticos*, que podem ser: *imediatos e consecutivos* e os *transformativos*, que podem ser destrutivos ou conservadores, sendo o primeiro chamado por sinais duvidosos de "morte", os quais insinuam a "morte" e, o segundo, chamado por sinais prováveis de "morte".

Os sinais *abióticos* imediatos são os duvidosos de "morte", que podem levar a erro sobre o diagnóstico de "morte", são os seguintes:
a) perda da consciência;
b) imobilidade;
c) insensibilidade;
d) cessação da respiração;
e) parada cardíaca e ausência de pulso;
f) pálpebras parcialmente cerradas;

Agora seguem os sinais *abióticos consecutivos,* que são sinais de "morte" provável:
a) resfriamento progressivo do corpo;
b) rigidez cadavérica;
c) espasmo cadavérico;
d) manchas de hipóstase e livores cadavéricos;
e) dessecamento manifestado por decréscimo de peso;
f) pergaminhamento da pele e das mucosas dos lábios;
g) modificações dos globos oculares, mancha da esclerótica, turvação da córnea, transparente perda da tensão do globo ocular, formação da tela viscosa.

Por fim, temos também os *fenômenos transformativos* do cadáver, que são os seguintes:
a) putrefação: ocorre quando apresenta mancha verde abdominal e passa por várias fases:
b) *cromática* (manchas de várias cores); *gasosa* (gases que deformam o corpo); *coliquativa* (tecidos que se liquefazem); *esquelética* (só restam ossos).
c) maceração: ocorre quando o cadáver fica imerso em líquido.
d) umificação: quando o cadáver é submetido a uma rápida evaporização de seu componente líquido.

e) saponificação: é a transformação dos tecidos em adipócera, uma substância amarelada em conseqüência de local úmido, argiloso e mal ventilado.

Do ponto de vista prático, os métodos definitivamente concluentes do diagnóstico da realidade da "morte" *imediata* são a *ausculta cardíaca*, a *eletrocardiografia* e a *prova de fluoresceia de Icard*, que consiste em injetar essa substância química no provável cadáver e se ocorrer a coloração amarelada na pele ou verde-esmeralda nas conjuntivas, há vida no corpo.

Pode-se afirmar, para concluir, que, no estágio atual de conhecimento, são louváveis os esforços despendidos pela Medicina para conceituar a "morte" e estimar o tempo transcorrido dela e de grande risco para a área jurídica, em razão da sucessão e da retirada de órgãos para transplantes. (Matéria referente ao Curso de Pós-Graduação em Criminologia do autor)

Capítulo 2

O que é a vida?

"Mulher a vós foi confiada a mais árdua missão, é a de trazer à luz da vida, os que necessitam de reencarne, é a árdua missão da mãe". Estas são palavras ditadas pelo Espírito Napoleão Laureano[1] que claramente ensina que a "luz da vida" vem pela "árdua missão da mãe", demonstrando que a única diferença entre a "vida e a morte", ou entre "o encarne e desencarne" é a necessidade imperativa da "mãe" para o Espírito chegar até nós em caminhada terrestre, pois para a chamada "morte" não há necessidade dessa participação.

Desde o surgimento da vida no planeta Terra por meio do unicelular primitivo, na forma da bactéria conhecida por *leptorix* até o aparecimento do primeiro *Homo Sapiens*, que foi o *Homo Erectrus*, possuidor de 150 trilhões de células, estima-se que se passaram 3,5 bilhões de anos neste laborioso percurso, demonstrando-se, assim, que esse seria o tempo necessário para o aparecimento da inteligência no ser humano. Tudo isso faz parte da vida eterna. Podemos afirmar que um átomo.

---

[1] Mensagem recebida pelo médium Carlos Eduardo Seixas. Grupo Napoleão Laureano. Rua Dona Elfrida, 225 – Sta. Terezinha- SP. 1ª edição. p. 13. 1991

O Codificador da Doutrina Espírita, Allan Kardec, em uma das obras básicas, *O Céu e o Inferno*,[2] nos traz o seguinte ensinamento sobre a vida: "por toda a parte há vida e movimento: nenhuma região que não seja, incessantemente, percorrida por legiões inumeráveis de Espíritos radiantes, invisíveis aos sentidos grosseiros dos encarnados, mas cuja vida deslumbra de alegria e admiração as almas libertas da matéria".

Mas o que é a vida? No "Novo Dicionário Aurélio da Língua Portuguesa"[3], em princípio, define a "vida orgânica" com as seguintes palavras: "vida é o conjunto de propriedades e qualidades graças às quais animais e plantas, ao contrário dos organismos mortos ou da matéria bruta, se mantêm em contínua atividade, manifestada em funções orgânicas tais como o metabolismo, o crescimento, a reação a estímulos, a adaptação ao meio, a reprodução, e outras". Em seguida, no mesmo dicionário, fornece outras definições para a vida, entre elas, a que nos interessa aos nossos estudos, a saber: (a vida é um...) "estado ou condição do Espírito depois da "morte"". Como se observa, a crença na vida após a "morte" do corpo orgânico, já não é uma abstração ou algo relacionado com a fé, mas registrado em dicionário, portanto não há como se duvidar desta realidade que somente os materialistas, cegos que são, não vêem, e muitos espiritualistas, não receberam ensinamento de como se processa a continuidade da vida.

Interessante ainda que Kardec assevera que "por toda a parte há vida e movimento, por ser o movimento a ação da vida e onde não houver movimento não há vida".

Em outro entendimento, desta feita de ordem jurídica, trazemos o respeitado parecer do Prof. Dr. José Afonso da

---

[2] Mundo Maior Editora. SP. 2004
[3] *Dicionário Aurélio Buarque de Holanda Ferreira*. Editora Nova Fronteira. RJ. 1988

Silva [4] que conceitua a Vida como "(...) um processo (processo vital), que se instaura com a concepção (ou germinação vegetal), transforma-se, progride, mantendo sua identidade, até que muda de qualidade, deixando, então, de ser vida para ser "morte". Tudo que interfere em prejuízo deste fluir espontâneo e incessante contraria a vida". Entendemos que se trata de conceito jurídico, vinculado às leis humanas para a proteção da vivência na sociedade material. Com toda certeza, com o progresso das ciências psíquicas e espirituais logo será atingido um entendimento mais profundo da Vida que não se extingue com o desagregar do corpo biológico. Mas, ninguém pode negar, em sua razão íntima, que o Espírito imortal, que tanto foi evidenciado por inúmeros profetas e pelo próprio Cristo, e comprovado, cientificamente, pela Doutrina Espírita, não possui Vida.

O Cristo de Deus já nos diz, como exemplo, "Eu sou o caminho, a verdade e a vida, ninguém vai ao Pai senão por mim" [5], no sentido que a compreensão da vida em si está na verdade dos seus ensinamentos que demonstrou com o nome de ressurreição usada na época, na verdade, demonstrou a vida real, ser a do Espírito.

Já na linguagem popular, a "morte" significa a cessação da vida, assim ou se está vivo ou se está morto. Tudo em razão dos conceitos errôneos recebidos pela igreja, que denomina os que partem para a vida extrafísica por "finados" e, pela própria lei humana que advém dos usos e costumes do ser humano.

Por outro lado, a ciência médica demonstra que a vida orgânica se expressa por um sistema complexo e dinâmico, produzindo um conjunto de fenômenos bioquímicos que são regi-

---

[4] *Curso de Direito Constitucional Positivo*. 13ª Edição. p. 194. Malheiros Editora Ltda. SP
[5] João 14:16

dos por leis fixas, cujo funcionamento normal se traduz num equilíbrio biológico-físico-químico, ou seja, a saúde. Quando ocorre a chamada "morte", essas leis complexas se desarticulam e, temporariamente, deixam de ser válidas, passando o corpo a sofrer influência interna microbiana. Nesse processo anormal, o organismo passa a consumir as reservas vitais, esgotando-as, momento em que o corpo físico torna-se um cadáver.

Entretanto, sempre é bom lembrar que os órgãos, sistemas, tecidos e outros componentes orgânicos continuam com vida por certo tempo, uma vida vegetativa, em razão de acompanhar o desprendimento do Espírito que poderá ser lento ou rápido.

Em toda caminhada da vivência terrestre acontece a experiência "do morrer", considerando-se a incessante transformação orgânica que se opera nas células e nos órgãos do corpo. Quando ocorre o fenômeno da "morte" física, ou um pouco antes dela, o Ser desperta para o significado real da existência e das suas aquisições, experimentando frustração e amargura ou recompensa e alegria, de conformidade com suas condutas praticadas.

No Universo, o repouso não existe, tudo é movimento e força que impulsionam o progresso e a evolução. Identicamente todos os fenômenos biológicos se encontram em constante alteração, através de cujo curso se alternam as moléculas que compõem ou desestruturam formas, sem que se extingam. O aniquilamento é só aparente, porquanto a pobreza dos sentidos materiais impede a sua penetração na complexidade das micropartículas em estável movimentação. É natural, desse modo, que a "morte" física seja uma realidade no mundo das aparências, mas não no mecanismo da vida.

A veneranda Joanna de Ângelis com muita razão garante: "A "morte" não consegue destruir a vida, essa é a verdade".[6]

---

[6] No Rumo da Felicidade. Divaldo Pereira Franco. Joanna de Ângelis. Livraria Espírita Alvorada Editora. Salvador-BA. 2001

Não temer a "morte" não significa que devemos relaxar com os cuidados de nossa saúde e a preservação de nossa vida orgânica, pois nosso corpo biológico é uma "ferramenta de trabalho". Entretanto, conforme inúmeros relatos vindos dos amigos espirituais, a experiência de desencarne é mais prazerosa do que a de reencarne, pois nossa verdadeira pátria é a espiritual. Estamos aqui na Terra em missão de progresso e a "morte" é o nosso retorno para casa. Não devemos temer a "morte", mas cuidar para não desperdiçar a vida aqui.

A própria ciência admite que, por si só, não pode a matéria se organizar e produzir a vida. Exemplo rudimentar é a da folha de árvore que, apesar de sabermos totalmente sua composição, não temos condições de elaborarmos uma. Falta, no caso, o princípio espiritual para tanto, pois mesmo sendo uma folha, ela não é totalmente matéria.

Ainda a ciência, por outro lado, prova que coisa alguma se perde e que tudo se transforma para ser reaproveitado. Por sua vez, a Química e a Física demonstram que nenhum átomo se perde e que nenhuma força se dissipa. Como então acreditar, de acordo com os materialistas, que a "morte" física é fim de tudo, aniquilando-se as conquistas intelectuais e morais, que também são produtos do corpo, em especial, do cérebro? Não só a lógica e os próprios fatos demonstram a incoerência, como também os estudos de regressão demonstram fatos ocorridos em pretéritas existências se refletem na vida física e psíquica de hoje. Tudo concorre para que além-túmulo o Espírito se encontre tal e qual ele foi na última caminhada terrestre, adicionado pelas conquistas remanescentes pretéritas.

Por isso, a razão, o bom senso e a lógica revelam que o Espírito é a força invisível, aos nossos olhos materiais, que organiza e sustenta a vida orgânica e exterioriza a sensação e o sentimento, a compaixão e o amor, nada havendo de comum entre as faculdades do Espírito e a matéria densa do corpo físico. Aliás, é ele que preside e sustenta a renovação de moléculas que ocorrem de tempo em tempo, nas diferentes partes do corpo humano, sob a ação das correntes vitais. Elas vão desaparecendo do organismo e, ao mesmo tempo, vão sendo substituídas, uma a uma, por outras provenientes da alimentação. Desde as partes moles do cérebro até as partes mais duras da estrutura óssea, tudo no corpo físico é submetido a contínuas mutações.

Deve-se notar que apesar dessas mutações periódicas e constantes, não há modificações físicas da pessoa e nem tampouco o pensamento e a memória irão se alterando e modificando em virtude das trocas moleculares do cérebro, continuando sempre com sua individualidade. Há, pois, em nós um princípio distinto da matéria, uma força indivisível que persiste e se mantém entre essas perpétuas substituições, o Espírito.

O ser humano, possuidor de razão, de sentimento e com grande potencialidade intelectual e moral, está agrupado em uma unidade central que é o Espírito, ou como alguns chamam o "Eu", que é a sede do consciente de hoje e o inconsciente de ontem, da personalidade de hoje e de outras existências.

A "morte" desse modo não se afigura destruidora, mas uma interrupção momentânea no processo vital que decorre do organismo. O verdadeiro Homem cauteloso é aquele que realizou sua caminhada terrestre com a mente aberta, buscando sempre na razão e discernimento a plenitude da vida que lhe dará uma passagem serena desta vida material para a vida espiritual, ou de um campo vibratório para outro mais sutil. Já o impuro é aquele que se deixou conduzir pela futilidade e pela busca do prazer e das paixões, que lhe vieram fustigar sua razão.

"Da "morte" podemos escapar, mas da vida, ninguém fugirá jamais". (Emmanuel)

A "morte", assim considerada, conduz o viajante da hospedaria terrestre para o seu lar verdadeiro. "Só estamos mortos enquanto vivemos sob o jugo de uma consciência que desconhece a verdadeira vida" (Aulus)

Assim sendo, na dinâmica da vida, o nascer, crescer, reproduzir, viver e morrer e, posteriormente, renascer, constituem um processo evolutivo físico e extrafísico presente em todos os Reinos da Natureza, ensina-nos o escritor, José Serpa de Santa Maria, no livro O Direito de Viver [7].

"Ah! Homens de pouca fé, não andeis ansiosos pela vossa vida, quanto ao que haveis de comer e beber. Nem pelo vosso corpo, quanto ao que haveis de vestir. Não é a vida mais do que o alimento, e o corpo mais do que as vestes?".[8] O Divino Mestre, nestas palavras elucidativas sobre a vida, deixa bem claro que o corpo físico não é mais do que as vestes do Espírito eterno que se encontra em trânsito evolutivo por esta caminhada.

---

[7] Editora Otimismo Ltda. Brasília-DF. 2001
[8] Mateus 6:25

Capítulo 3

O corpo somático

"Do ponto de vista corpóreo e puramente anatômico o homem pertence à classe dos mamíferos dos quais só difere em certas variações na forma exterior. Quanto ao mais, tem a mesma composição química que todos os animais, os mesmos órgãos, as mesmas funções e os mesmos modos de nutrição, de respiração, de secreção, de reprodução. Nasce, vive, morre nas mesmas condições, e, quando morre, seu corpo se decompõe como o de tudo quanto vive. Não há em seu sangue, em sua carne, seus ossos um átomo diferente dos que se encontram no corpo dos animais. Como estes, ao morrer restitui a terra o oxigênio, o hidrogênio, o azoto e o carbono que se haviam combinado para formá-lo e que vão, através de novas combinações, formar novos corpos minerais, vegetais e animais. A analogia é tão grande que suas funções orgânicas são estudadas, em certos animais, quando as experiências não podem ser feitas nelas mesmas".

"Na classe dos mamíferos, o homem pertence à ordem dos *bímanos*. Imediatamente abaixo dele vêm os *quadrúmanos* (animais de quatro mãos) ou macacos, dos quais alguns, como o orangotango e o chimpanzé, têm certas atitudes humanas a tal ponto, que por muito tempo foram designados pelo nome de *homens das selvas*. Como o homem, estes andam eretos, constroem cabanas e levam os alimentos à boca com a mão – sinais característicos". Essas são lições que o mestre lionês, no livro *A Gênese*[1] nos traz a respeito do corpo físico do ser humano.

Os corpos são criações do próprio Homem. Por isso são mortais. Jesus disse que a carne para nada aproveita, e que o que importa é o Espírito que vivifica[2]. A física quântica e São Paulo nos dizem que as coisas invisíveis são mais importantes do que as visíveis. Assim, devemos ver as coisas pelas suas causas e não pelos seus efeitos, estes geralmente visíveis, enquanto que aquelas, no geral, são invisíveis. O nascer e o morrer dos corpos vão dando aos Espíritos condições para as suas novas manifestações cíclicas na Terra.

Portanto, o corpo físico que utilizamos neste estágio evolutivo, aqui na Terra, é um instrumento para uso do Espírito com fim de atuar neste mundo material, em atendimento às necessidades e objetivos que ele traz ao encarnar. Ele é o produto do *Perispírito* (estudaremos em capítulo adiante) por refletir o seu estado. Dessa forma, as doenças físicas não passam de distúrbios alojados no Perispírito, transpostos para a carne e que promovem o tratamento das imperfeições do Espírito em si.

Em vista desta grande tarefa, o corpo material merece todo o nosso cuidado, pois ele é uma concessão da Bondade Divina e só secundariamente temos certos direitos sobre ele. Por outro lado, o maior cuidado que devemos ter com ele é no sentido de preservá-lo o máximo possível, por ser um empréstimo da Natureza e que, um dia, iremos responder pelo seu mau uso.

O Espírito Emmanuel, no livro *Pão Nosso*[3], lembra que "o corpo humano é um conjunto de células aglutinadas ou de

---

[1] Allan Kardec. Mundo Maior Editora. SP. 2003
[2] João 6:63
[3] Francisco Cândido Xavier. Editora da FEB. RJ. 5ª Edição. 1997

fluidos terrestres que se reúnem, sob as leis planetárias, oferecendo ao Espírito a santa oportunidade de aprender, valorizar, reformar e engrandecer a vida".

Portanto, o Espírito é o tudo dessa *máquina humana*, é o seu construtor, é o seu mantenedor e o seu instrumento evolutivo em nosso planeta. Em Atos dos Apóstolos, Pedro[4] chama, acertadamente, o corpo material de *tabernáculo*, ou seja, o santuário da alma.

Nas linhas seguintes vamos consignar ensinos profundos que nos trouxe o Espírito Emmanuel[5] a respeito do corpo físico e sua "morte", com as seguintes palavras: "Quando, no homem ou nos irracionais, um gesto se opera, a Natureza determina o desaparecimento de certa percentagem de substância da economia vital: quando a sensibilidade se exterioriza e os pensamentos se manifestam, eis que os nervos se consomem, gastando-se o cérebro em suas atividades funcionais. A vida corporal é bem a expressão da "morte", através da qual efetuais as vossas observações e os vossos estudos".

"Não dispondes, dentro da exigüidade dos vossos sentidos, senão de elementos constatadores da perda de energia, da luta vital, dos conflitos que se estabelecem para que os seres se mantenham no seu próprio hábitat. A vida, em suas causalidades profundas, escapa aos vossos escalpelos e apenas o embriologista observa, no silêncio da penumbra, infinitésima fração do fenômeno assimilatório das criações orgânicas".

"De todos os estudos referentes ao assunto, em vossa época, salienta-se a teoria darwiniana das gêmulas, corpúsculos infinitesimais que se transmitem pela vida seminal aos elementos geradores, contendo na matéria embrionária disposi-

---

[4] Pedro II – 1:14
[5] Emmanuel. Francisco Cândido Xavier. Pelo Espírito Emmanuel. *A Vida Corporal*. FEB. 16ª Edição. RJ. 1994

ção de todas as moléculas do corpo, as quais se reproduzem dentro de cada espécie".

"Não obstante a preponderância dos fatores físicos nas funções procriadoras é totalmente inaceitável e descabido o atavismo psicológico, hipótese aventada pelos desconhecedores da profunda independência da individualidade espiritual, hipótese que reveste a matéria de poderes que nunca ela possuiu em sua condição de passividade característica".

Cientistas contemporâneos chegaram à conclusão de que a matéria de que são feitos o mundo e todos os seres criados – minerais, vegetais, animais e hominais – é pura energia, "energia congelada", ou seja, energia que se solidificou ou densificou. Consoante as especulações mais antigas e as constatações científicas mais recentes, tudo quanto existe em nossa volta é formado de partículas infinitesimais chamadas átomos que, por sua vez, são constituídos de outras tantas partículas, também, infinitamente pequenas.

Essa é a matéria do nosso mundo. Uma forma grosseira de energia, ou seja, energia pulsando em baixíssimo padrão vibratório. O Espírito Emmanuel, orientador da missão mediúnica de Francisco Cândido Xavier, afirma, em prefácio do livro *Nos Domínios da Mediunidade*, que "o corpo de carne ficou reduzido a um turbilhão atômico, regido pela consciência".[6]

---

[6] Federação Espírita Brasileira. RJ. 1ª Edição. p. 8. 1955

Capítulo 4

O instinto de conservação

A palavra *instinto*, derivada do latim *instinctu*, reserva o significado de uma tendência natural própria dos seres vivos, homens e animais, que atua de modo inconsciente, espontâneo, automático, involuntário e independente de qualquer aprendizado. Poder-se-ia dizer que é uma espécie de inteligência rudimentar que estimula ações de defesa e conservação. Assim, diante de um perigo real ou imaginário, nosso corpo entra imediatamente em estado de alerta, quando ocorrem descargas de substâncias como, por exemplo, a adrenalina na corrente sanguínea, potencializando nossas energias. É a natureza agindo em favor de nossa sobrevivência.

Outro exemplo é o soldado na guerra que permanece longos períodos com o instinto em estado de alerta, para a preservação da vida, levando-o a um desgaste emocional que muitas vezes não conseguirá superar. É sabido que o medo estimula o instinto e faz perder a razão.

Nos atos instintivos não há reflexão, nem combinação, nem premeditação. É assim que a planta procura o ar, se volta para a luz e dirige suas raízes para a água; a flor se abre e fecha, alternativamente, conforme se lhe faz necessário; os animais são avisados dos perigos e buscam os climas propícios conforme a estação; constroem leitos e abrigos para os seus filhotes, fazem tocaias para apanhar suas presas e manejam destramente as armas ofensivas e defensivas de que são providos.

Um dos mais perfeitos atos do instinto é o de proteger para viver, sendo que ao cabo de certo tempo, o instinto enfraquecerá pela predominância da inteligência que o substituirá. Portanto, todo ato maquinal é instintivo, e todo o ato que denota reflexão, combinação e deliberação é inteligente e faz parte da evolução do instinto.

Outro exemplo é o medo da "morte" que também é uma reação instintiva de autopreservação da vida e que se evidenciou pelo comportamento do ser humano, variando sempre com a época, com os costumes, com as tradições, enfim com as características culturais de cada tribo, raça, povo e nação.

Do instinto caminha-se, imperceptivelmente, para a inteligência, quando então já se consegue raciocinar antes de agir, surgindo agora consciente, uma deliberação chamada *livre-arbítrio*. Em nossa atual evolução, ainda se vê em muitos a predominância do instinto sobre a razão, que, por vezes, leva-os a condutas deploráveis e inacreditáveis, quando então se diz: tal pessoa *possui instinto animal*.

Na realidade, em alguns casos, acabam ultrapassando o *instinto animal*, pois usam a inteligência para o mal tornando os desejos insaciáveis, enquanto que o animal não, pois faz uso somente do que tem necessidade.

Quanto ao *instinto de conservação* é uma lei da Natureza que se encontra em todos os seres vivos, racionais e irracionais, podendo ser puramente mecânica ou até mesmo racional. É mecânica por ser o ato puramente automático. É racional por já sobrepujar a razão sobre o instinto.

O objetivo de Deus em conceder a todos seres vivos o *instinto de conservação* está na necessidade de se usufruir ao máximo a existência corporal, com o fim de aperfeiçoamento de cada individualidade e, esta individualidade, segundo o Espírito de Verdade, em resposta à questão 540 do *Livro dos Espíritos*, inicia-se no átomo e se prolonga a caminho do arcanjo, no qual tudo se encadeia para essa finalidade.

Portanto, desde os primórdios, o ser humano vem fazendo uso do instinto para a sobrevivência, pela caça, pela pesca e pelas colheitas de raízes, vegetais e verduras. É o *buscai e achareis* que o Divino Mestre nos ensinou, que muitos ainda não atendem, dando preferência ao comodismo e à ociosidade para com o corpo físico, e são os que mais lamentam, equivocadamente, a Deus pela falta dos meios suficientes para sobrevivência. No entanto, não se vendo neles, muitas vezes, interesse e disposição para tal aquisição.

Além do *instinto de conservação* que possuímos, o Criador nos fornece também os *meios de conservação,* que são extraídos do nosso próprio planeta – domicílio, por meio da terra e da água, no qual deverá entrar a *Lei do Trabalho,* que dá a cada um os méritos da dedicação, da vontade, do aprimoramento e das conquistas com seu próprio suor.

Para reforçar ainda mais o espírito, ao vínculo com o corpo material, nas reencarnações redentoras, Deus colocou certo atrativo para esses bens materiais, como incentivo ao cumprimento da missão de cada um, em caminhar e progredir, e ao mesmo tempo, prová-lo na tentação, com o fim de desenvolver a razão e o equilíbrio. Entretanto, muitos acreditam que viverão eternamente encarnados, esquecendo-se que estamos somente para cumprir mais um ciclo evolutivo na carne, e exageram no apego aos meios de conservação para a sobrevivência, se inquietando nos excessos.

Jesus, num registro de Lucas[1], nos relata o seguinte: *"havia um homem rico cujas terras tinham produzido extraordinariamente; e revolvia dentro de si estes pensamentos":* o que farei, se

---

[1] 12:13 a 21

não tenho lugar onde guardar tudo o que vou colher? eis que farei, pensou: derrubarei meus celeiros e construirei outros maiores, e aí colocarei toda minha colheita e todos os meus bens; e direis à minha alma: tendes agora muitos bens em reserva para muitos anos; descansa, come, bebe, regala-te. Mas Deus nesse mesmo instante disse a esse homem: como és insensato! tua alma será arrebatada ainda esta noite, e para quem ficará isso que guardaste? Assim acontece com aquele que guarda tesouros para si mesmo e que não é rico perante Deus".

Mas, graças ao instinto de conservação, de reprodução e de autodefesa moderados, a espécie humana mantém-se, sobrevivendo aos grandes desafios evolutivos e de progresso material, e o premiado é o espírito que ganha experiência e luz.

Por derradeiro, lembramos que não se pode responsabilizar a Natureza pela terra árida que nada produz e nem ao Pai Celestial pela falta dos meios necessários para a sobrevivência, mas devemos reconhecer em nós as responsabilidades desses desequilíbrios climáticos, e do que vem ocorrendo no seio da sociedade, vinculando todos esses fatos à ambição desenfreada, à avareza descontrolada e à indisciplina contra a natureza, porque o homem esquece que é imortal.

Ainda lembramos que nosso corpo físico tem limites; que nossas dores e sofrimentos são provenientes dos excessos; que nossos desequilíbrios resultam da ganância do supérfluo; e que o maior obstáculo para o desprendimento do espírito, no desencarne, é justamente o apego dos prazeres aos bens materiais advindos do meio de conservação.

Montesquieu dizia sabiamente que, "correndo atrás do prazer não encontramos senão a dor".

Capítulo 5

A destruição e a renovação

A expressão *destruição* "é a aniquilação do que já estava construído, ou seja, fazer desaparecer alguma coisa que já existia de certa forma".[1] Podemos dizer de uma forma geral e de interesse de nosso estudo que o mundo em que estagiamos hoje, o planeta Terra, está caminhando lentamente para uma reestruturação moral, na qual a humanidade deverá renovar-se para esse acontecimento. Em outro sentido diríamos que precisamos renovar nossa vestimenta espiritual e a material para esse fim.

Os espíritos superiores, por meio da Codificação Espírita, confirmam que atualmente estamos em trânsito, do mundo de provas e expiações para o mundo de regeneração, também chamada de *nova era* ou de *mundo novo*. Jesus já transmitia essa idéia: "em verdade vos digo que não passará esta geração, sem que tudo isto aconteça"[2]. Esses acontecimentos são, justamente, as atribulações que vivenciamos com os nomes de conflitos, fanatismo, inversões de valores, flagelos e destruições.

---

[1] *Dicionário Aurélio Básico da Língua Portuguesa*. Editora Nova Fronteira. RJ. 1988
[2] Mateus 24:34

Por estarmos ainda neste ciclo evolutivo, em que prevalece o campo energético mais denso, inclusive do nosso corpo físico, as formas de *destruição* que ocorrem neste orbe são muito mais sentidas e dolorosas em si que em mundos mais evoluídos. Esse sentimento e essa dor realçam muito mais em nós, em razão do desconhecimento dos fatores que levam a esse efeito. Perguntamos, então: qual o motivo dessa operação?

Se for levado em conta, da realidade que somos oriundos do plano espiritual, ou de uma sociedade extrafísica, fica muito mais fácil a compreensão. Tomando-se como base a ciência física que conceitua "que nada se cria e que tudo se transforma", e objetivando o progresso, dentro da evolução atual, há necessidade da vivência nos planos materiais, desde o elemento "princípio espiritual" até a formação do espírito e o seu alcance de perfeição possível. Essa caminhada aqui na Terra ou em outros planetas ainda em evolução é imprescindível para a evolução do espírito, mas esse vínculo à matéria, muitas vezes, acaba subjugando-o às paixões inferiores e, por outro lado, tudo que é material tem princípio, tem um meio e um fim, o que quer dizer em outras palavras, nascer, viver e morrer.

Portanto, é nesse processo material, no qual o Espírito está vinculado, que ocorre a *destruição*. Ela faz parte da natureza do nosso plano físico. Jesus já ensinava esse caminho: "sedes perfeitos como vosso pai celestial é perfeito", e para chegarmos a essa pretensa perfeição, somente ocorrendo a *destruição* de tudo que for imperfeito. Assim, o que chamam de *destruição*, na realidade, trata-se de uma transformação que tem como fim a renovação do homem e do próprio progresso do planeta.

A *destruição*, como objeto da renovação, tem como escopo o Espírito imortal, o qual está, nos momentos atuais, na necessidade de trocar sua vestimenta energética para que sejam compatíveis com o futuro mundo de regeneração e sua psicosfera, ficando ambos mais sutis e insensíveis às coisas materiais. Assim, menos dores e menos sofrimentos.

Eis porque a insistência dos ensinos evangélicos no sentido de despojarmos do egoísmo, do orgulho, da ambição, do ciúme e do ódio, por serem ações que impregnam o Espírito de energias densas, enquanto que as práticas da fraternidade, da resignação, da caridade e do amor são formas de ações que vão atrair energias de luz, que irão substituindo, até então, as densas e negativas.

A existência dos instintos de preservação e conservação em nós, humanos, como já vimos, são para evitar a "morte" física antes do tempo necessário de permanência aqui encarnado, em razão que toda *destruição* prematura, entrava o desenvolvimento do princípio inteligente e do próprio espírito. Fato que nos leva a prolongar ao máximo a vida nesta sociedade material densa, é a ajuda desse "princípio de conservação" que carregamos desde os ciclos evolutivos mais inferiores.

Desse processo de preservação e conservação derivou o medo, ou até o terror pela "morte", pois, a qualquer ameaça de perigo, esses instintos advertem para não sucumbirmos antes do momento adequado à nossa vivência terrestre. Assim, de um lado temos os meios de conservação e preservação; de outro, a existência dos agentes destruidores. É o remédio ao lado do mal ainda necessário em nosso meio evolutivo.

Quando chegarmos a conquistar maior propensão para as coisas do espírito do que para a matéria, a *destruição* diminuirá por ser proporcional ao estado mais ou menos material dos mundos e de seus habitantes, o que já acontece em mundos mais avançados na evolução, onde as energias espirituais existem em proporções maiores que as materiais e, em conseqüência, os corpos são mais rarefeitos e mais perfeitos.

Quanto ao *abuso da destruição*, isto fica por nossa conta, seres humanos, nada tendo a ver com a Natureza e demonstra a predominância animal, ainda existente em nós, sobre a espiritual. Falando em animais, em *O Livro dos Espíritos*,[3] nas questões 734 a 736, Allan Kardec indaga sobre a destruição ilimitada dos animais e obtém como resposta dos Espíritos Superiores que, esse direito o Homem somente tem regulado pela necessidade de prover sua alimentação e a sua segurança, como assim fazem os próprios animais entre si, que somente destroem para a sua necessidade de momento.

Todo abuso foge ao direito do homem e por possuir livre-arbítrio em suas ações, e razão para discernir, dia mais, dia menos, deverá prestar contas dos seus abusos, por ter desequilibrado a natureza, e tudo que está em desequilíbrio deverá ser reequilibrado novamente.

Hoje em dia existe ainda a destruição ecológica pelo envenenamento da água potável e do ar, ambos essenciais para nossa sobrevivência aqui na Terra; da destruição de terras férteis, pelas queimadas e dos tratos inadequados com o solo. Nestas ações dos homens, como por exemplo: nas derrubadas de árvores, desmatamentos para fins de pastos, matanças de animais e peixes por envenenamento das águas, não se percebe que estamos nos matando, pouco a pouco, porque somos também animais, apesar de racionais, necessitados identicamente da Natureza pura para a sobrevivência sem sofrimentos.

Quanto aos chamados flagelos destruidores, como as calamidades e os sinistros que ocorrem em certas regiões e em seus habitantes, com danos de grande monta em bens materiais e em corpos físicos, Kardec faz pertinente pergunta, a de nº 737, aos Espíritos Superiores: Com que objetivo Deus castiga a humanidade com flagelos destruidores? Os Espíritos Superiores respondem que estes acontecimentos ocorrem para que haja um avanço mais rápido no progresso humano, assim, o que

---

[3] Mundo Maior Editora. SP. 2000

levaria séculos para se transformar, ocorrerá somente em alguns anos.

Dessa forma, vivemos momentos já previstos por Jesus, há dois mil anos, em razão do acúmulo de energias negativas na psicosfera do planeta em decorrência de todas essas ações perniciosas do ser humano e, atualmente, neste período de transição evolutiva aqui na Terra, necessita-se o mais rápido possível do reequilíbrio de tudo para seguir avante rumo à perfeição.

Motivo pelo qual, desde o fim do século passado e o início deste novo século, a incidência dos chamados flagelos e destruições, é muito maior do que em qualquer outra época, pois se fazem necessários a reestruturação e o reequilíbrio do máximo possível em nós, para passarmos a um *novo mundo*, o da regeneração.

O progresso, assim, é uma das leis da Natureza. Todos os seres da criação, animados e inanimados, estão submetidos a esta lei. A própria destruição, que parece para os homens o fim das coisas, é apenas um meio de levar, pela transformação, a um estado mais perfeito, pois tudo que é material morre para renascer com esse fim.

Para finalizar este capítulo, vamos novamente lembrar o Mestre Divino, em registro feito por Mateus no cap. 24:1 e 2, que relata o seguinte: *"tendo Jesus saído do templo, seus discípulos se aproximaram dele e fizeram que observasse a grandeza da construção do templo"*. Ele, porém lhes respondeu: *"vedes tudo isto? Em verdade vos digo que dia virá que não ficará pedra sobre pedra que não seja derribada"*. Assim, tudo que o homem constrói que não está dentro das leis imutáveis de Deus, um dia será destruído, para sua renovação.

Capítulo 6

A fobia da "morte", as modalidades da "morte", causas do medo, estágios e fases da "morte" e relatos da Dra. Elizabeth Klüber Ross

AS MODALIDADES DA "MORTE"

O "Estímulo Fobígeno", ou o causador do medo, teve sua raiz biológica, do fenômeno emocional do medo, na origem dos seres unicelulares primitivos, que, em resposta ao impacto de um agente externo perturbador, se inibia em seus movimentos rotineiros. Com o desenvolvimento do sistema nervoso na organização biológica, tais reações passaram a ser condicionadas e perceptíveis antes dos fatores depressores externos atacarem. Em outras palavras, antes de sofrer algo, ocorre a previsão do possível dano, assim, constituindo o que se chama medo.

Destarte, as causas do medo são intrínsecas e pertencem à estrutura pessoal, visto provirem da reunião de vários processos surgidos no decorrer do prolongado curso da evolução biológica e psíquica do ser humano. Quanto aos motivos agravantes do temor descontrolado, estes estão relacionados com desagradáveis experiências vivenciadas no presente, ou mais acentuadamente, em vidas passadas.

Para instruir este estudo, vamos acoplar nesta seqüência os registros contidos no livro, Psicologia e Espiritismo [1], do nobre escritor e pesquisador, Carlos Toledo Rizzini, a respeito das modalidades de medo:

Modo Instintivo = a forma de medo que se manifesta instintivamente, dos registros já existentes, de modo automático e idêntico em todos os seres, pois quando percebido, já emergiu a reação. Ex. o cavalo treme ao pressentir a cobra ou a onça; o raio desperta movimentos de temor no homem.

Medo racional = condicionado na experiência e na razão. Ocorre quando se fala dele, sendo que no primeiro caso reação ante o dano; no segundo, reação ante o perigo.

Medo Imaginário = ligado a uma cadeia de associações distorcidas em razão do absurdo e insensatez de que se reveste, mais conhecido por *superstições*.

Continuando com suas lições: "A intensidade da invasão pelo medo percorre fases sucessivas":

1. Estado de Prudência – o sujeito torna-se modesto; autolimita-se.
2. Estado de Concentração – torna-se cauteloso; preocupado, ansioso.
3. Estado de Alarme – torna-se alarmado; desconfiado; inseguro.
4. Estado de Angústia – o sujeito está angustiado; aflito; surgem sinais de cólera.

---

[1] Editora O Clarim. Matão, SP. 1996

5. Estado de Pânico – a conduta torna-se automática; descontrolada.
6. Estado de Terror – sobrevêm inércia; o indivíduo está "petrificado de terror".

Com raras exceções, a pessoa quando se torna vítima de qualquer gênero de crime, como, por exemplo, vítima de violência, de acidente, de um golpe, de roubo ou furto de veículo, fixa em si, os momentos dessa ação maléfica, tornando-se um trauma, que poderá carregar por toda sua existência, quiçá em vidas futuras. A esse fato denominamos "síndrome de vítima", pois terá em sua mente sempre a figura dos participantes da ação e da própria "res furtiva"[2], reconhecendo em tudo ou em todos que se assemelham com os fatos ocorridos. Explicamos: teve-se um veículo roubado e sempre quando cruzar com um outro parecido, identificará esse como o seu roubado. Idêntico fato poderá ocorrer com pessoas que se aproximam da fisionomia dos seus algozes. São momentos terríveis que ficam registrados como um choque psíquico, abalando o complexo orgânico, podendo levar a vítima até a praticar uma injustiça com pessoas assemelhadas.

Em geral, nosso atual nível evolutivo, ele (o medo) é um elemento perturbador ou mesmo destrutivo, porque pertence a um nível inferior, que já deveria estar superado. A luta contra ele está na ação confiante e inteligente, ou dito de outro modo mais claro: em procurar o cumprimento de seus deveres, ainda que com medo deles, em esclarecer-se pelo estudo e espiritualizando-se.

O *instinto de preservação*, presente em todos os animais, permite-lhes se afastarem de qualquer situação externa de pe-

---

[2] "coisa furtada"

rigo de vida. É a *lei de conservação*, necessária a todas as criaturas vivas para o desempenho de suas missões terrenas.

Não poderíamos deixar de registrar ensinamentos profundos, a respeito do medo, da veneranda Joanna de Ângelis que assim se pronuncia no livro, *O Despertar do Espírito*[3]: "O instinto de conservação da vida induz o indivíduo a manter receios em torno de tudo quanto é desconhecido, que lhe apresenta como ameaçador. A necessidade de segurança, tendo em vista a própria e a sobrevivência da prole, induz ao medo das ocorrências imprevistas, que se podem apresentar de maneira desastrosa. Não obstante esse fenômeno se encontre ínsito na criatura humana como decorrência das experiências anteriormente vivenciadas, outros tipos de medo se apresentam como resultado de transtornos psicológicos, de atavismos ancestrais, de ansiedades mal contidas, de convivências perturbadoras". Finalizando, colocamos as seguintes instruções da entidade: "(...) A libertação do controle inconsciente desses sentimentos perturbadores é de vital importância para a auto-realização".

Agora, as excelsas palavras do Espírito Emmanuel com respeito ao medo, num estudo da passagem evangélica do Mestre Jesus: "E tendo medo, escondi na terra o teu talento..." (Mateus 25:25) que diz o seguinte: "Na parábola dos talentos, o servo negligente atribui ao medo a causa do insucesso em que se infelicita. Contara apenas com um talento e temera lutar para valorizá-lo. Como aconteceu ao servidor invigilante da narrativa evangélica, há muitas pessoas que se acusam pobres de recursos para transitar no mundo como desejariam e, recolhem-se à ociosidade, alegando o medo da ação. Se receberdes, pois, mais rude tarefa no mundo, não te atemorizes à frente dos outros e faze dela o teu caminho de progresso

---

[3] Divaldo Pereira Franco. Livraria Espírita Alvorada Editora. Salvador. BA. 2000.

e renovação. Por mais sombria seja a estrada a que foste conduzido pelas circunstâncias, enriquece-a com a luz do teu esforço no bem, porque o medo não surgiu como justificativa aceitável no acerto de contas entre o servo e o Senhor."

Por fim, passamos a trazer esclarecimentos de como ocorre no setor espiritual a ação do medo, de conformidade com a citação feita pelo escritor Ricardo Magalhães [4]: "Todo pensamento cria uma série de vibrações na substância do "corpo mental", correspondente à natureza do mesmo pensamento, e que se combinam em maravilhoso jogo de cores (...) O pensamento, preocupado com a resolução de um problema, produz filamentos espirais (...) A cólera, por exemplo, assemelha-se ao zigue-zague do raio, o medo provoca jactos de substância pardacenta, quais salpicos de lama".

Quanto ao medo da "morte", existem muitas indagações íntimas:

- Para os materialistas, atualmente, que ouvem falar da vida após a "morte": a dúvida que leva ao medo;
- Os espiritualistas, que crêem na vida após a "morte", indagam: se já vivemos na carne inúmeras vezes em conformidade com os princípios reencarnatórios e, em conseqüência, já morremos com o corpo físico, outras inúmeras vezes, por que persiste o medo da "morte"?

Os Espíritos Superiores informam-nos pela Codificação que:
- O instinto de conservação nos faz fugir ao máximo da "morte";
- O esquecimento do passado, temporariamente, nos faz esquecer de outras existências;
- O enraizamento na matéria nos faz isolar da espiritualidade;
- Ainda muitos desconhecem a Doutrina Espírita.

---

[4] *O Poder Magnífico do Pensamento*. Editora Novaluz. SP. 5ª Edição. 2000.

Mas, por outro lado, há a possibilidade do Espírito trazer resquícios de lembranças de algum desencarne, talvez doloroso, resultando no medo da "morte". Precisamos mudar os conceitos milenares de temor pela "morte"; precisamos conquistar o intercâmbio com a espiritualidade, por meio dos estudos e das meditações, para desvincularmos do medo da "morte".

Na época das perseguições aos cristãos pelos romanos, principalmente pelo imperador Nero, este ficava atônito ao presenciar, nos circos dos horrores, os cristãos cantando diante dos leões e tigres famintos. Eles não temiam a "morte" porque já haviam vencido a "morte" física com seu aprendizado e desprendimento. Paulo de Tarso em suas epístolas afirmava, já naqueles tempos: "O último inimigo a ser vencido é a "morte"". Hoje, com toda certeza, podemos afirmar que o Espiritismo já venceu a "morte".

Allan Kardec, no *O Livro dos Espíritos*, na questão nº 961, assim indaga o Espírito de Verdade:

- No momento da "morte", qual o sentimento que domina a maioria dos Homens?

R: A dúvida – para os céticos que são descrentes de tudo;

O medo – para os culpados;

A esperança – para os Homens de bem.

Em geral, o medo da "morte" advém do estado de ignorância referente ao processo de transição do Espírito entre a matéria e a espiritualidade que lhe traz uma preocupação e até uma perturbação, em razão de alojar energias negativas em sua alma. O Mestre da Galiléia asseverava: "Conhecereis a verdade e a verdade vos libertará".

O jurista Dr. Paulo Lúcio Nogueira, em seu livro *Em Defesa da Razão*[5] assevera: "para muitas pessoas existe o medo

---

[5] Editora Saraiva. SP. 1995.

da "morte" porque sempre tiveram informações erradas ou deformadas sobre a vida além dela. Durante muito tempo a doutrina católica ensinou que quem morre vai para o inferno, ou mesmo o purgatório ardendo em brasas, sempre atemorizou as pessoas".

Sócrates ao encarar a "morte" assim exclamou: "Ah, se assim é (a "morte"), deixai que eu morra, não uma, mas muitas vezes". O grande filósofo Pitágoras proclamava ser a "morte" "a sorte comum"; Camille Flammarion afirmava: "O que consideramos *fim* é o *começo*" e Léon Denis "a "morte" não existe". Emmanuel, o grande instrutor da Doutrina Espírita, por sua vez, nos garante: "Da "morte" podemos escapar, muitas vezes, mas da vida, ninguém fugirá jamais".[6]

CAUSAS DO MEDO

O temor da "morte" é uma reação instintiva que se evidencia pelo comportamento humano ao longo da evolução histórica, antropológica, cultural, religiosa da Humanidade terrestre, variando com a época e com as características culturais, costumes, práticas e tradições religiosas de diferentes tribos, povos, raças e nações, tanto no Oriente quanto no Ocidente. Portanto, esse temor com a "morte" já vem de milênios e existem registros que os hebreus consideravam o corpo do morto alguma coisa impura, que não podia ser tocada e pelos antigos índios americanos havia crendice que a "morte" era obra de espíritos do mal e atiravam flechas ao ar para afugentá-los, tradição essa usada atualmente, nas forças armadas e nas polícias, como reconhecimento e honraria aos seus heróis, a salva de tiros no funeral.

Também tem suas origens nas grandes epidemias que dizimaram milhões de vidas em gerações passadas e nos

---

[6] Esta matéria faz parte também do livro *"Vítima!? Nunca Mais"*. Do autor. Mundo Maior Editora. SP. 2003.

genocídios ligados a crenças e guerras. Quantos sofrimentos e sacrifícios, quantas execuções e holocaustos, que enraizaram pavor nas vítimas e nos parentes, impregnando traumas nos Espíritos por várias existências, levando terror de somente falar em "morte".

O ser humano nem sempre interessado no mecanismo orgânico e sua função e durabilidade existencial, muitas vezes é surpreendido pela "morte" desse complexo orgânico em seu meio, assustando-o e desestruturando-o psicologicamente. Associando-se a essa distração do Homem, vem ao encontro conceitos inverídicos e supersticiosos advindos por crendices religiosas com escopo de vinculá-lo à Igreja, e esta, por sua vez, pregando com ameaças de um Deus vingativo e punitivo, além das ameaças com um inferno eterno, acarretando assim, o temor à "morte" física e desenvolvendo neuroses e psicoses graves.

Como vimos, desde os primitivos estágios do Homem na Terra existe o temor da "morte" que veio a ser acalentado pela ignorância das verdades sobre o seu destino, mesmo carregando sempre em seu íntimo a intuição da continuação da vida. À medida que o ser humano se torna mais complexo, no sentido do entendimento holístico, mais penetrará no que os olhos materiais não conseguem penetrar, a vida espiritual.

Vinculado ainda à tradição, temos o que ocorre nos sepultamentos, nos quais tem de ser bem fundo ou a "sete palmos", para fugir do assédio dos maus Espíritos, bem como a crendice de jogar pedrinhas sobre o esquife com esse mesmo fim, constituindo assim a "morte" como coisa medonha.

Do nosso lado ocidental, ao contrário dos povos do Oriente, o problema da "morte" encontra-se em aberto. A nossa cultura, pragmática e materialista, sempre voltada para a ânsia incontida do "ter" do que a procura do "ser", distancia-se das realidades naturais da existência, enganando-se a si mesma e preferindo apegar-se aos conceitos, mesmo religiosos, vinculados às coisas materiais. Em seu íntimo, prefere não falar da "morte" e tampouco procurar entender o que seria a "morte", tornando-se assim, aqui no Ocidente, a "morte", ainda um tabu.

Para instruir essa realidade que vem ocorrendo, vamos usar palavras da Dra. Elisabeth Kübler-Ross, [7] pesquisadora da "morte": "Na cultura oriental, a "morte" não é encarada como uma megera de manto negro, portadora de uma foice e caminhando pelo mundo em sua faina de segadora de Vidas. Nessa cultura e em outras, a "morte" é algo tão natural que, por vezes, chega a ser até encarada com descontração e alegria. Na cultura ocidental, a "morte" tem tudo a ver com tristeza, revolta, dor, perda irreparável, desolação e luto. Em suma, algo trágico, terrível, macabro e até repugnante. Onde a "morte" acontece, aqui no Ocidente, as crianças são, imediatamente, afastadas das casas ou locais onde ocorreu o óbito e, quando, na sua curiosidade natural, indagam sobre o acontecido, recebem repostas evasivas e até mentirosas, confirmando a tese da recusa e da rejeição".

Continuando com suas razões: "Evita-se falar dela aos que estão com doenças incuráveis e terminais. Médicos e familiares fazem os maiores rodeios para não tratarem do assunto com os "desenganados", e isto, por um ato de "caridade" para com os enfermos incuráveis, a fim de que, iludidos, possam eles "desfrutar" os últimos dias de suas existências, mesmo com uma péssima qualidade de vida. Sempre a rejeição e a recusa em aceitar uma ocorrência que, desde o nascimento, acompanha o ser humano em todas as fases de sua existência".

Completamos agora com elucidações ainda não trazidas desse ponto de vista, pelo Espírito da veneranda Joanna de Ângelis:[8] "O medo da "morte" pode ter origem também na

---

[7] *Sobre a Morte e o Morrer*. Livraria Martins Fontes Editora Ltda. SP. 2000.
[8] O Despertar do Espírito. Divaldo Pereira Franco. 2000. Salvador-BA.

infância, quando mal informada experimenta pavor ante o desaparecimento dos pais ou irmãos, mais tarde se transformando em desequilíbrio que gera perturbação e transtorno no comportamento. Por si só, a falta de amor na infância é responsável por muitos males que afligem os adultos. A sobrevivência real de uma pessoa depende dos vínculos amorosos que foram mantidos com aqueles que a cercavam na fase infantil. Quando falta esse acolhimento gratificante, a criança se faz submissa, ora pelo temor, ora se isola, dando curso a um processo de fixação neurótica".

"Sendo a "morte" encarada como tabu e esquivando-se sempre que possível do trato sobre a mesma, acaba por aumentar esse temor, pois na realidade não é se afastando do que seria temor que se livrará do mesmo, mas, sim, enfrentando-o, no sentido de se entender o porquê do temor. Mas não é o que acontece em caso de doenças e "morte", onde se presencia, constantemente, afastarem as crianças e até adolescentes de junto a doentes hospitalizados e de cerimônia fúnebre. Sem as devidas elucidações dessas ocorrências, acumulam em seu íntimo o sobrenatural e o temor de fatos que evidentemente são da própria natureza".

"Assim, com pretextos, não convincentes, de que o familiar desencarnado foi fazer uma longa viagem ou outras mentiras que um dia cairão por terra, desvirtuam a realidade da nossa existência aqui na Terra, de encarnarmos e desencarnarmos, fatos esses que serão presenciados em outras famílias ou na mídia, que despertarão dúvida e medo, ficando uma incógnita nas suas percepções e que se afigurará como um fantasma, ou até um trauma, toda vez que se referir a "morte"".

"O percurso que leva à "morte" do corpo material é, na realidade, muito triste em vários aspectos, a começar por retirar do ambiente familiar o enfermo que é transportado para hospitais, geralmente sozinho, ficando um vácuo desde já no seio familiar e do próprio moribundo. Outras vezes, fica isolado na UTI sem qualquer visita e cercado de vários aparelhos sofisticados e de vários outros enfermos passando mal. Tudo isso pode elevar o sentimento de 'perda', como costumam falar, associado a outros conceitos incabíveis".

"Por tudo isso, o ser humano aceita a "morte" do próximo como natural, não lhe chocando as mortes que acontecem nas guerras e nos acidentes, entretanto, quanto a sua, apesar de acreditar na imortalidade, costuma não aceitar, entrincheirando-se contra si mesmo".

Ora, para nos libertarmos de qualquer temor o primeiro passo é procurarmos conhecer a realidade ou a fantasia que o envolve, quando então, conheceremos a verdade que estava obscurecida pela ignorância. No caso, temos de ir à procura de quem estuda e trabalha nessa área espiritual, e encontraremos a Doutrina Espírita que tem registros científicos nas suas obras básicas da sobrevivência do Espírito após perder o corpo material mais denso por esgotamento da vitalidade. Somente com o entendimento do nosso íntimo da possibilidade concreta da existência da vida eterna é que iremos adquirir a fé raciocinada que nos livrará de qualquer temor.

ESTÁGIOS DA "MORTE"

Neste capítulo nos beneficiaremos das pesquisas da médica, Dra. Elisabeth Kübler-Ross, contidas no seu livro *A Roda da Vida* [9], referente aos *Estágios da "Morte"*. Revela a autora que tais pesquisas foram realizadas a partir do paciente que teve conhecimento da doença fatal até o seu falecimento:

Primeiro estágio: *Negação e Isolamento*. Neste primeiro estágio, descreve a autora que o paciente, ao tomar notícia de sua enfermidade grave, no primeiro momento, toma um choque com a notícia, mesmo que não demonstre externamente,

---

[9] *A Roda da Vida*. Elisabeth Kübler-Ross. Sextante. RJ. 1998.

quando tenta duvidar ou até negar a possibilidade de estar com tal doença.

Segundo estágio: *Raiva*. Em seqüência ao conhecimento da doença cria no seu íntimo uma revolta que generaliza contra tudo e todos, demonstrando em suas ações e condutas a raiva na "flor da pele".

Terceiro estágio: *Barganha*. Prosseguindo nos estágios que ocorrem com o paciente enfermo, nesta altura, tenta qualquer coisa para se livrar do mal, inclusive barganha a cura com promessas ou outros compromissos que se dedicará caso consiga a cura.

Quarto estágio: *Depressão*. Neste penúltimo estágio o enfermo nada conseguindo, até então, cai em prostração, advindo a depressão.

Quinto estágio: *Aceitação*. Com este último estágio, com raras exceções, o paciente já se prepara para a viagem ao outro plano.

A autora faz ainda a observação que "a única coisa que persiste em todos esses estágios é a Esperança" e que "as questões que realmente preocupavam a maioria dos pacientes referiam-se à vida, e não à "morte". Isto evidenciava que a maneira como uma pessoa morria dependia da maneira como vivera". Diz ainda a autora: "... ensinaram-me todas as coisas que têm verdadeiro significado, não para a "morte", mas sim para a vida". "O nascimento e a "morte" são experiências semelhantes: cada uma delas é o começo de uma nova viagem".

Por fim, relata que "observou os pacientes, mesmo os mais revoltados, que relaxavam alguns momentos antes da "morte". Outros, quando se aproximavam da "morte", pareciam ter experiências extremamente vividas com entes queridos já falecidos e falavam com pessoas que eu não podia ver. Em praticamente todos os casos a "morte" era precedida de uma serenidade especial.

FASES DA "MORTE"

Aproveitando, ainda, este grande estudo da Dra. Elizabeth Kübler-Ross, registramos o que ela designou por "fases distintas da "morte"":

FASE UM – Na primeira fase, as pessoas flutuavam para fora de seus corpos. Quer morressem numa sala de operação, num acidente de carro ou ao cometer suicídio, todos contavam que haviam presenciado tudo o que se passara no lugar de onde tinham saído. Flutuavam para fora do corpo como borboletas deixando o casulo. Assumiam uma forma etérea.

FASE DOIS – Nesse ponto, as pessoas já haviam deixado seus corpos para trás e diziam que se encontravam em um estado de vida depois da "morte" que só pode ser definido como espírito e energia. Sentiam-se reconfortadas ao descobrir que nenhum ser humano jamais morre sozinho. Eram capazes de ir a qualquer lugar com a rapidez do pensamento.

FASE TRÊS – Guiados por seu anjo da guarda, meus pacientes passavam então para a terceira fase, entrando no que costumava ser descrito como um túnel, ou um portão intermediário, embora as pessoas mencionassem uma grande variedade de outras imagens: uma ponte, um desfiladeiro em uma montanha, um bonito riacho. No final viam uma luz irradiante. Aproximavam-se levados por seus guias e sentiam a luz irradiando calor, energia, espiritualidade e amor intensos. A luz, diziam elas, era a fonte primordial de energia do Universo.

FASE QUARTO – Nessa fase, as pessoas declaravam que haviam estado na presença da Fonte Superior. Algumas a chamavam de Deus. Outras diziam simplesmente saber que estavam rodeadas por todo o conhecimento que existe, passado, presente e futuro. Nesse estágio, as pessoas passavam por uma revisão de suas vidas, um processo no qual se viam diante da totalidade de suas vidas. Repassavam cada ação, palavra e pensamento. Viam como suas ações tinham afetado outras pessoas, até as pessoas desconhecidas. Cada pensamento e ação têm o efeito de uma ondulação, e que esta atinge todas as outras formas de vida do planeta. A vida é uma responsabilidade. É impossível viver uma vida de qualidade superior se não nos livramos de nossas negatividades, de nossas questões pendentes. (A Roda da Vida. Elisabeth Kübler-Ross. Sextante. RJ. 1998)

RELATOS DA DRA. ELISABETH KÜBLER-ROSS
"Sempre digo que a "morte" pode ser uma das maiores experiências que se pode ter. Se você vive bem cada dia de sua vida, não tem o que temer. Mas aprendi com a experiência que nada acontece por acaso na vida. Todo mundo enfrenta momentos difíceis na vida. Quanto mais momentos difíceis enfrentamos, mais crescemos e aprendemos. As adversidades somente nos tornam mais fortes. As pessoas sempre me perguntam como é a "morte". Digo-lhes que é sublime. É a coisa mais fácil que terão de fazer."

"Quando aprendemos as lições a dor se vai. Aprendi que não há alegria sem dificuldades. Não existe prazer sem dor. Saberíamos o que é o bem-estar da paz sem as angústias da guerra? Se não fosse a AIDS, será que perceberíamos que nossa humanidade está ameaçada? Se não houvesse a "morte", apreciaríamos a vida? Se não existisse o ódio, saberíamos que nosso objetivo supremo é o amor?".

"O maior dom que Deus nos concedeu foi o livre-arbítrio. O livre-arbítrio põe sobre nossos ombros a responsabilidade por fazer as melhores escolhas possíveis. A "morte" é parte da vida, a parte mais importante da vida. Quando não se tem uma boa vida, estando aí incluídos todos os momentos finais, não se pode ter uma boa "morte"."

"Os médicos – em sua maioria homens – com poucas exceções, todos encaravam a "morte" como uma espécie de fracasso. A "morte" não era um assunto sobre o qual os médicos normalmente falassem".

Capítulo 7

Origens das cerimônias fúnebres e dos finados

A deusa dos funerais no paganismo da antiga Roma era *Libitina* e tratava-se de cerimônia não tão triste como tornou-se com o tempo e sob influência da Igreja. No interior dos templos onde ocorriam os cerimoniais do funeral não havia choro como ocorre atualmente, mas havia o costume de deixar no local um certo valor da época. Com esta conduta demonstravam crer que o morto, em algum lugar, iria necessitar desses bens materiais. Não deixavam de acreditar em alguma coisa após a partida da Terra.

Com a "morte" física, no ambiente restrito familiar, surge um vácuo compreensível em razão de que o ser humano encarnado ocupa um espaço, espaço esse que ficará vazio. Assim, de acordo com esses fatos, a "morte" dá um sentido de perda de algo, por nos sentirmos privados, subitamente, de quem era companhia e alegria.

Juntamente com esses acontecimentos, já difíceis para os encarnados, adicionam-se as conseqüentes solenidades fúnebres, com seus cultos e rituais, de acordo com a religião que professa, concorrendo para tornar a separação, que seria somente temporária, muito mais triste e melancólica. Portanto, as cerimônias fúnebres, criações dos costumes e das Igrejas, acabam retratando um horror no homem ocidental quando de uma "morte" do corpo físico. Os choros descontrolados, os lamentos injustificáveis, os ataques histéricos e até os beijos sucessivos nos cadáveres demonstram uma falta de fé nos ensinamentos Cristãos, ou, em último caso, por terem recebido ensinos que não condizem com a verdade da vida.

Somente para confirmar nossas razões vamos registrar palavras do escritor Waldo Lima do Valle [1]: "Os frades trapistas da Tebaida tinham uma divisa – *memento mori*. Era uma ordem religiosa fundada em 1140. Viviam tristes, silenciosamente. Quando se encontravam, um dizia para o outro – *lembra-te que vais morrer* – e isto com a voz mais lúgubre possível. Esses frades representavam a "morte" com o seu mais terrível aspecto".

Com essas tradições e cortinas de mistérios criadas nas mentes dos crentes, propagou crenças e costumes que acabaram de encher de tristeza, de sombra e até de terror os momentos de transcurso entre o mundo material e espiritual. Hoje, com o conhecimento salutar da Doutrina Espírita já não se usa o chamado *luto* externo que era, em décadas passadas, sustentado pelos costumes quando do desencarne de algum parente e pregado pelos próprios padres católicos ao usarem batinas pretas em *luto* pela "morte" física de Jesus.

Nossa atitude com os que já partiram para a grande viagem, à espiritualidade, deverá ser sempre, com todo o carinho, nas lembranças dos melhores momentos que juntos vivenciamos, um com outro, e nunca dos momentos mais difíceis e muito menos chamá-los de *finados*, palavra que transmite emoções de *fim*, o que na realidade não acontece. Os que visitam os túmulos com o fim de se aproximar dos que partiram encontram somente o silêncio e o frio das se-

---

[1] *Morrer, E Depois?* A União Editora. João Pessoa – PB. 1997.

pulturas, que não conseguem transmitir ao nosso íntimo as percepções sutis do Espírito que partira, mas um vazio que inunda o Espírito por não sentir a presença daquele que partiu. Esse contato que se procura nos cemitérios acontecem, muitas vezes, com o desprendimento parcial do Espírito, quando do sono físico, ocorrendo aí o reencontro, corpo a corpo espiritual, aliviando a saudade.

Assim, não se procura nas pedras do sepulcro os que partiram para outro plano, pois nele somente jazem, segundo preclaros ensinos Cristãos, "ossos e podridão", porém, no íntimo de cada um que é o caminho mais rápido e próximo para com os Espíritos desencarnados, em razão de que os que animaram aqueles corpos materiais deixaram de acompanhá-los, desde o último suspiro, para viverem a vida espiritual, desta vez, com formas corporais sutis, não mais carregadas de sofrimentos carnais. Desse mundo invisível aos nossos olhos materiais, eles, os vivos, nos lançam olhares, por vezes, tristes por não encontrarem, reciprocamente, com os olhos espirituais dos que ainda continuam na caminhada terrestre. Quantas vezes, aqueles que chorais e que ides procurar nas necrópoles, estão ao vosso lado, lamentando o desconhecimento do reino prometido pelo Cristo, que é a vida espiritual. Somente a Revelação Espírita, pela sua filosofia e ciência, ensina tal certeza e comunicação, por meio da fé raciocinada.

O escritor português, Isidoro Duarte Santos, já escrevia sobre esse assunto com as seguintes palavras:[2] "É costume apresentar a "morte" de forma horripilante: figura pavorosa, esquelética, envolvida numa túnica, a destra empunhando a foice inexorável. E de tal modo nos habituaram a temê-la e a abominá-la, que sentimos calafrios aos simples enunciar de seu nome, como se ele fosse um ascoroso vampiro, em busca

---

[2] *Revista Internacional de Espiritismo*. Março. 1935.

de vítimas para imolar, sequioso de luto, apontando a dedo os condenados, indiferente pelos ricos ou pobres, sem uma hesitação, hirto e frio como um cipreste".

Fiquemos ainda com Lakhovsky [3], que confirma nossos pensamentos e verdade: "A "morte" não é a triste e dolorosa separação para a qual nos preparam de toda a eternidade as religiões e as filosofias. É pelo contrário a metamorfose final, a esplêndida libertação de nossa alma, que abandona o sofrimento e a prisão corpórea para ascender à felicidade eterna"

O que ainda faz balançar muita gente para o lado negativo é o erro persistente de credos, por interpretações errôneas dos testamentos bíblicos, como a repetição de que "somos pó e ao pó retornaremos", contrariando o próprio ensino religioso da sobrevivência do Espírito. Demonstram ensinos religiosos voltados mais para a matéria, pela importância que se dá à mesma, tanto é verdade que se prega a ressurreição dos corpos físicos no Juízo Final. Pasmem. Acrescenta-se ainda a esse materialismo inconsciente, outras interpretações distorcidas dos ensinos científicos, com máximas que atravessaram os tempos e vivem a lembrar que somos pó: "Não passas de terra e cinzas". Nas portas dos cemitérios lá está: "Porque barro és e ao barro voltarás"[4]. Na realidade, a tumba apenas encerra o pó que restará da desagregação do corpo material, após a perda de sua vitalidade, por ser formado de princípios contidos na terra do planeta, aonde retornará.

Bem longe de tentar afugentar a idéia da "morte", em conformidade com costumes milenares, devemos sim, encará-la, face a face, pelo que ela é na realidade. Uma fantasia criada, sem existência plena. Ela até pode representar um papel importante na evolução do Espírito, tanto quanto representa o

---

[3] Georges Lakhovsky. *L'Éternité, la Vie et la Mort*. pp. 7 e 11. 1932.
[4] Gênese. Cap. III vers.19

nascimento, pois ele necessita dos estágios materiais, em diversos planetas, para essa caminhada evolutiva até o Criador.
Entretanto, não se pode afastar da realidade espiritual e que temos de ficar livres do invólucro carnal, depois de haver realizado o percurso necessário para tal progresso. Toda "morte" representa *um parto* que leva a um renascimento espiritual.
Bem que o consagrado escritor e pesquisador espírita, Léon Denis, assinala que "deveríamos chorar na hora da reencarnação, que é um momento de intenso sofrimento para o Espírito, e rirmos na hora da "morte", quando o Espírito se liberta, já que encarnação é seu encarceramento fluídico e a desencarnação a sua libertação". Na realidade, se o Espírito não cumpriu os objetivos de sua caminhada material, haverá dois choros, um ao reencarnar e outro ao desencarnar.
É preciso ter em mente, em toda trajetória carnal, que após a campa, o único juiz e o único algoz que teremos é a nossa própria consciência, a qual, muitas vezes, durante a vida orgânica registrou somente vínculos materiais, esquecendo-se das necessárias conquistas espirituais. Ao acordar, da transformação material para a espiritual, despidos inteiramente das ilusões, aparecerão sob a verdadeira luz os erros e acertos de nossa conduta, dos quais seremos, nós mesmos, o juiz. Razão de se afirmar que o conhecimento de si mesmo é o único castigo e a única recompensa do Homem. Por isso Sócrates insistia: *Conhece-te a ti mesmo*. Tal ensinamento encerra uma grande verdade, pois se encontra no íntimo de todos os seres humanos as inúmeras existências registradas, com todas experiências adquiridas, são aprendizados eternos que nunca serão roubados, mas que dependem de ser ativados, esses tesouros arquivados, que são de nossa propriedade.
 Outro aparato que deixa registro de impressão não menos penosa e preocupante na memória dos que ignoram a realidade da "morte" é a inumação. Esse procedimento fúnebre,

que foi criado justamente para levar temor aos crentes incautos, fez crescer crendices populares distorcidas da verdade ocultas a eles sobre a "morte" e, por muito tempo, ficou na mente que juntamente com o corpo físico falecido, estaria sua alma, provocando uma sensação de angústia e asfixia. Não se pode esquecer de que se já vivemos inúmeras vezes com um corpo físico mais denso, evidentemente, outras tantas vezes esses corpos também foram inumados, mas, em capítulo adiante, estudaremos o porquê desse esquecimento. Todos esses corpos foram simples vestuários usados e quando já sem serventia foram enterrados, entretanto, as personalidades que estavam encerradas nesses corpos não foram sepultadas com eles, mas seguiram com o Espírito liberto. Sócrates, conhecedor que era dessas leis naturais, afirmava: *Enterrai-me como quiserdes...*

Quando retornando do túmulo, vivo e triunfante, Jesus apareceu a Maria Magdala e inundou-a de felicidade ao constatar-Lhe a imortalidade, este reencontro foi o fato principal do Cristianismo, por concretizar a imortalidade do Espírito e, somente com a própria "morte" do corpo físico que o Cristo fez uso, foi possível imortalizar a vida. É nessa passagem pela "morte" biológica que o Espírito retorna para a vida real e para o reencontro com os entes queridos e os amigos que partiram antes. É o reencontro da felicidade e do amor para plenitude da vida.

FINADOS

O culto aos chamados mortos é uma prática das mais antigas e fundamentada em quase todas as religiões, pois esteve inicialmente ligada aos cultos agrários e da fertilidade, quando acreditavam que, como as sementes, os mortos eram sepultados com vistas à ressurreição, ou seja, o retorno à vida que deveria surgir junto aos túmulos, com banquetes e alegrias, costume ainda usado em certas culturas do planeta.

Retrocedendo no tempo e dentro da historiografia encontra-se registro que a filosofia dos druidas, na antiga Gália, patenteou-se conforme as aspirações das novas escolas espiritualistas, dentre elas a Doutrina Espírita, no sentido da infinidade da vida, das existências progressivas do Espírito e a pluralidade dos mundos habitados, além do mais, a raça gaulesa tinha conhecimento dos "mistérios" do nascimento e da "morte". Assim a comemoração dos chamados mortos foi de iniciativa gaulesa, pois comemoravam a "Festa dos Espíritos", não nos cemitérios – os gauleses não honravam os cadáveres – mas, sim, em cada habitação, onde evocavam os Espíritos dos defuntos.

Entretanto, um nevoeiro negro caiu sobre a terra das Gálias, pela mão brutal de Roma, depois a invasão dos francos e a introdução do feudalismo, fizeram esquecer essas verdadeiras tradições. Posteriormente, o Cristianismo nascente foi perseguido pelos hebreus, pelos romanos e pelos bárbaros, mas sobreviveu e evoluiu o Cristianismo Eclesiástico, quando então, uniu-se ao Estado, vindo uma noite de dez séculos, chamada Idade Média, que obscureceu o espiritualismo e fez eclodir a superstição e o fanatismo no ser humano.

Foi nesse palco triste da história que a Igreja Católica instituiu oficialmente o dia dos considerados mortos, em 2 de novembro. Atualmente, esta data transcendeu o lado religioso, passando mais para o lado emotivo e comercial, quando ocorre grande comercialização de flores e velas e a preocupação maior com a conservação dos túmulos, os quais, muitas vezes, ficam o ano inteiro esquecidos e abandonados. Entre os sentimentos internos e as práticas externas, entre os conhecimentos novos da espiritualidade e o comodismo da prática exterior, o Homem procurou o lado mais cômodo para si, arraigando-se ao formalismo material e desprezando o espiritual, razão que fez Jesus assim se expressar, aos escribas e fariseus da sua época:⁽⁵⁾ "sois semelhantes aos sepulcros caiados (pintado de cal; brancos), que por fora parecem formosos, mas por dentro estão cheios de ossos de cadáveres e de toda espécie de podridão".

O Espírito, ao desligar-se do corpo físico, conserva a mesma personalidade, os mesmos defeitos e qualidades, méritos e deméritos, não havendo, portanto, com a "morte" física qualquer transformação do Espírito, somente transformação vibratória da sua nova vivência.

Agora questionamos, o dia 2 de novembro é consagrado aos "mortos" que se foram, ou aos que ficaram na carne? Existem duas categorias de "mortos", os assim considerados por ter deixado a vestimenta carnal e os que ainda continuam vivendo encarnados, mas "mortos" para a vida espiritual, pois somente vivenciam a vida animal. Para o mundo, "mortos" são os que despiram a carne; para Jesus, são os que vivem imersos na matéria, alheios à vida primitiva que é a espiritual. É o que explica aquele célebre ensinamento evangélico, em que a pessoa se prontificou a seguir o Mestre, mas antes queria enterrar seu pai que havia falecido e Jesus conclamou: "Deixai aos mortos o cuidado de enterrar seus mortos, tu, porém vai anunciar o Reino de Deus".

Assim, com a fé que as religiões pregam com respeito a vida futura e com a certeza advinda pela Doutrina Espírita, pode-se afirmar que os "mortos" são realmente os que habitam a crosta terrestre, enraizados na matéria e nos vícios, e não os vivos que povoam o Mundo Espiritual, ficando assim designados: "mortos-vivos", os que habitam os páramos da luz; "vivos-mortos", os que se acham inumados na carne. No entanto, esse culto de visitação aos túmulos, e essas manifestações de choro e desespero junto aos sepulcros daqueles que

---

⁽⁵⁾ Mateus 23:27.

consideram mortos denotam ainda um instinto confuso da imortalidade do Espírito, mesmo aqueles que se elegem como Cristãos.

Todavia, se a "morte" bate à porta, aceite-a como algo natural ou como encerramento de um ciclo de vida que se cumpre, não esquecendo que os corpos são criações do próprio Homem, por isso são mortais.

Tudo no Universo ou na Natureza ocorre na base de ciclos e, segundo o preclaro Pietro Ubaldi, "tudo que começa tem fim e tudo o que tem fim, recomeça, como também, tudo que nasce, morre, e tudo que morre, renasce"[6]. Acrescentamos ainda que a existência física, por mais longa que seja, é sempre tempo breve na contagem eterna e, por isso, deve-se viver de tal maneira que se possa desencarnar a qualquer instante, sem aflição e sem desequilíbrio, lembrando, que contrário de "morte" não é vida, mas, sim, "nascimento", e em Eclesiastes 7:1, confirma-se: "É melhor o dia da "morte" do que o dia do nascimento".

Lembrando ainda que Jesus disse aos saduceus (que acreditavam em Deus, mas não na vida eterna) o seguinte:[7] "Ora, Deus não é Deus de mortos, e sim de vivos".

Derradeiramente acrescentamos que com o advento da Cremação os cemitérios irão aos poucos desaparecer e futuramente será comemorado o Dia dos Desencarnados, não mais dos mortos.

---

[6] *A Grande Síntese*. 13ª Edição. Fundação Pietro Ubaldi. Editora Munismo Ltda. Campos-RJ. 1981.
[7] Mateus 22:32.

Segunda Parte
Várias considerações sobre a "morte"

Capítulo 1

As "mortes" prematuras

Uma das maiores indagações que sempre existiu no meio social é com relação às "mortes" prematuras, ou seja, a "morte" das crianças. Seja qual for a idade, recém-nascido, criança, adolescente e na fase da juventude plena, o questionamento é sempre o mesmo: Por que se morre em pleno vigor físico e não se usufrui as oportunidades da vida até chegar a velhice? Geralmente os pais questionam Deus: Por que não nós que já vivemos certo tempo, em vez de nossos filhos que possuem toda uma existência pela frente? Essas perguntas por milênios ficaram sem respostas convincentes, pois geralmente eram respondidas como: "é a vontade de Deus"; "vão ser anjos de Deus"; "são mistérios de Deus". Como visto são respostas que não preenchem a razão e o bom senso dos pais que carregam uma grande dor pelo que chamam de "perda" de um ente querido.

O maior Consolador e Orientador que tivemos na Terra, sem qualquer dúvida, foi Jesus, o Cristo de Deus, que durante Sua caminhada terrestre foi incansável no trabalho de consolar os oprimidos e os sofredores, além de orientá-los no caminho redentor, ou seja, de redimi-los do cativeiro que carregavam. Entretanto, antes de Sua partida da crosta terrestre prometeu que enviaria outro Consolador, o Espírito de Verdade, que estaria junto de nós por toda eternidade, além do que nos faria lembrar tudo o que havia ensinado e outras coisas mais[1] Aí está, portanto, presente em nosso meio planetário, há quase 150 anos, falanges de Espíritos de Luz, consoladores e orientadores da Humanidade, implantada pelo nome Espiritismo. Em nosso meio social tivemos a grata satisfação da reencarnação de um desses Espíritos que recebeu o nome de Francisco Cândido Xavier que teve a vida inteira dedicada na orientação, por meio dos mais de 400 livros psicografados e o trabalho incansável de consolar milhares e milhares de pessoas que perderam seus entes queridos, doando a eles a compreensão, a resignação e a luz da verdade, de que não existe a "morte".

Palavras esclarecedoras são do preclaro escritor Richard Simonetti [2]: "O problema maior é a teia de retenção formada com intensidade, porquanto a "morte" de uma criança provoca grande comoção, até mesmo em pessoas não ligadas a ela diretamente. Símbolo da pureza e da inocência, alegria do presente e promessa para o futuro, o pequeno ser resume as esperanças dos adultos, que se recusam a encarar a perspectiva de uma separação".

Mais uma vez vamos nos socorrer das respostas dos Espíritos Superiores a Kardec, a respeito da questão em tela, que assim indagou: [3] Por que a vida se interrompe com certa freqüência na infância? E teve como resposta: "A duração da vida pode ser, para o Espírito que está encarnado, o complemento de uma existência interrompida antes do termo devido e sua "morte" é, muitas vezes, uma prova ou uma expiação para os pais".

---

[1] João 14:15/16 e 26.
[2] *Quem tem medo da morte?* Edição Lumini e Editora Astral-Bauru-SP.
[3] *O Livro dos Espíritos.* Allan Kardec. Questão. nº 199. Mundo Maior Editora. SP. Ano 2000.

Em curta explanação diríamos que se trata de um descumprimento do que foi tratado na espiritualidade em seu próprio benefício, que foi interrompido bruscamente por suicídio. Com esse ato impensado ficou em desequilíbrio com os compromissos, que deverão ser completados em próxima existência física. Geralmente as "mortes" prematuras estão ligadas à fase da velhice pretérita, na qual o Espírito não se preparou para tal fase, vem a ser afetado por aflições e angústias ou até as enfermidades prolongadas, acabam por desarticular a razão e praticar o suicídio. Ora, o tempo faltante para completar sua caminhada de existência aqui encarnado deverá ser reposto para fechar o ciclo ou estágio programado, para só então, poder dar continuidade às jornadas evolutivas normais. Portanto, os dias, meses ou anos que faltaram para completar a encarnação que foi abreviada refletirão na próxima reencarnação, com um desencarne prematuro, pois somente retornou para completar os meses ou anos que abreviou.

O escritor, pesquisador e cientista, Ernesto Bozzano[4], por sua vez, esclarece que "não são desconhecidos os casos de "mortes" infantis nos quais o Espírito já tenha progredido bastante para suprimir uma provação, mergulhando na Terra só com a finalidade de se revestir de elementos fluídicos indispensáveis ao Perispírito desejoso de se preparar para a próxima reencarnação". Ele nos quer dizer que tal Espírito, apesar do seu ato tresloucado, já havia progredido o bastante e somente retornaria à vestimenta orgânica para suprir o tempo abreviado, como já vimos, e tratar o próprio Perispírito que fora afetado pelo ato do auto-homicídio, e esse tratamento somente ocorrerá com as novas energias que virão da reencarnação.

Por fim, vamos registrar uma síntese do que as Igrejas e Doutrinas dizem a respeito de suas convicções sobre "morte"

---

[4] *Enigma da Psicometria*. FEB. RJ.

de crianças. Budismo: "O nascimento e a "morte" fazem parte de um ciclo da eternidade, assim, as crianças que seguem a crença não vêem a "morte" como um momento triste"; Católica: "A realidade não pode ser camuflada e os pais devem sempre responder a verdade". "Devem ser levadas ao velório, ao enterro, à missa de sétimo dia, etc; Evangélico: "A criança não precisa ser levada ao velório ou enterro". "Para nós, a "morte" é a separação da parte física da espiritual e a criança não precisa participar do ritual" (Paulo da Costa, presidente da União das Igrejas Evangélicas Congregacionistas do Brasil); Judaísmo: "Quando uma criança judia pergunta o que acontece após a "morte", o adulto deve responder que não sabe". "Sendo a "morte" uma questão sobre a qual não temos respostas definitivas, é importante dizer às crianças que não sabemos exatamente o que acontece quando uma pessoa morre" (Rabino Henry Sobel); Islâmico: "a "morte" tem três fases e é só o fim da segunda etapa". "Ensinamos que temos a vida uterina, que duram nove meses, a vida mundana, que é essa, e a vida eterna, onde há o paraíso e o inferno" (Sheik Jlhad Hammadeh, vice-presidente da Associação Mundial da Juventude Islâmica); Espírita: "Quando uma pessoa morre, é o corpo que perde a vida, o Espírito apenas desencarna", "As crianças espíritas aprendem a doutrina desde pequenas". "Elas (as crianças) compreendendo esse mecanismo a "morte" fica menos traumática". (Sílvia Puglia. Diretora da Infância e Mocidade da Federação Espírita de São Paulo)

Para fecharmos este capítulo, vamos transcrever parte da matéria da jornalista Daniela Tofoli, [5] junto à Maria Helena Pereira Franco, coordenadora do Laboratório de Estudos e Intervenções sobre o Luto, da PUC −Pontífice Universidade

---

[5] *Jornal da Tarde*. 6.8.2003.

Católica – a respeito de como as crianças devem receber orientações sobre a "morte": "Quando o assunto aparece naturalmente, o melhor é encará-lo em vez de fingir que não existe". Diz ainda: "E, se a criança faz perguntas sobre isso, é melhor respondê-las do que deixar que ela comece a fantasiar". Prossegue: "Os adultos têm mais medo de falar da "morte" do que as crianças". "O tabu é dos adultos". "As crianças não ficam traumatizadas se ouvem a palavra "morte"".

Capítulo 2

As "mortes" por enfermidades

Desde que renascemos na carne (corpo energético mais denso) somos automaticamente condenados à "morte" dessa carne, não obstante, muitos distraídos da realidade comentam que pacientes com enfermidades irreversíveis estão condenados à "morte". Não que discordamos da existência dessa possibilidade, pois as enfermidades mais graves poderão antecipar o desenlace do Espírito do corpo orgânico denso. No entanto, vários casos registrados na medicina demonstram que a enfermidade pode estacionar ou até regredir, podendo ficar o paciente com seqüelas, não ocorrendo a "morte" física.

Em razão dessa complexidade que se está sujeito a passar, acaba-se temendo mais a "morte" pela debilidade que as doenças trazem ao organismo, afetando a parte psíquica que muitas vezes não está preparada para esse momento, arrastando esse desequilíbrio até o fim da vitalidade do organismo.

Para fugirmos desse círculo de medo nos resta somente enfrentá-lo procurando saber o mecanismo do processo desencarnatório, o qual trará confiabilidade do trânsito que ocorrerá nesse instante que chamam de "fatal" que, na verdade, é somente conseqüente de uma transição.

Pesquisas de eminentes esculápios demonstram, e os Espíritos Superiores atestam, que, no derradeiro momento da "morte" orgânica, quase nunca há dor e usam o termo "morre-se como se adormece". No entanto, se de um lado existe a tranqüilidade e a serenidade de certos enfermos nas horas derradeiras, há a agonia de outros, reconhecendo-se a diversidade de ocorrências desse momento, pela influência das energias que cada Espírito carrega em si, que varia de Espírito para Espírito.

Esse processo antagônico entre a serenidade e a agonia estará mais ou menos atuante, em decorrência dos liames que unem o Espírito ao corpo mais denso. Quanto mais desprendido dos entes queridos, das paixões materiais e dos vícios, mais suave será a transição. Muitos casos registrados pela observação atestam que não existe sofrimento nos momentos que antecedem o desenlace, por se encontrar o Espírito já parcialmente desprendido, ou pela idade avançada ou pela enfermidade que porta, quando, então, ocorrem os contatos com Espíritos desencarnados que lhes assistem, bem como um ambiente totalmente diferente de onde está partindo. É o plano espiritual. É a sociedade espiritual que lhe abre um novo caminho, uma seqüência ao que acaba de deixar. Razão que não se deve ter medo da chamada "dor da morte", por não existir, tendo em vista que muitas vezes nessa hora o corpo físico já está vivendo somente, vegetativamente, pois o espírito já se desprendeu dele, eliminando a dor.

Não se pode dizer o mesmo nos casos de "morte" por acidente, crime e suicídio, nos quais não existirá o processo de desprendimento por influência da enfermidade, que no entender dos materialistas seria o mais sofrido. Puro engano. O mesmo pode-se dizer das "mortes" fulminantes, como exemplo, por um infarto fulminante ou por disparo de arma de fogo, chamada por eles de "uma morte boa", pela ação rápida nada sofreria. A "morte" física considerada rápida é, justamente, em que ocorrerá o maior sofrimento para o desprendimento do

Espírito, em razão de, em muitos casos, estar carregado de vitalidade, energia essa que prende o Espírito ao corpo denso. Consta de várias instruções espirituais que o desprendimento do Espírito será menos penoso depois de enfrentar longa enfermidade, por ocorrer o desligamento dos laços fluídicos suavemente, enquanto que a "morte" violenta encontra o corpo orgânico em plena vitalidade, dificultando e prolongando esse desligamento, tornando-se perturbador para o Espírito.

As enfermidades e as dores correspondentes são ocasionadas pela filtragem das energias negativas que o Espírito trazia imantadas em si para o corpo orgânico mais denso. É o processo de transmutação de energias negativas em positivas. Em outras palavras é o ganhar luz para o Espírito que usufruirá após o desencarne em vôos mais altos na espiritualidade. Não deixa de ser uma manipulação química e física que ocorre entre ambos, corpos material e espiritual.

Todos esses chamados males aparentes que ocorrem são sempre para o aperfeiçoamento do Espírito que caminha para a perfeição possível. Voltaire, escritor e filósofo francês, já dizia: "O acaso não existe; tudo é provação ou punição, recompensa ou previdência". (Séc. XV para XVI).

Deve-se ressaltar que o campo afetado pelas energias negativas que resultaram em enfermidades, com o fim da transmissão dessas energias e terminado o tempo demarcado pelos atos infelizes do passado, finda-se as provas ou expiações, recompondo-se normalmente o equilíbrio orgânico e do Espírito. É a cura definitiva do mal. Quanto aos sofrimentos resultantes de desarmonia emocional, como traumas e conflitos, que também trazem desequilíbrios, quando provenientes de ocorrências do passado, terão o mesmo caminho acima descrito; trata-se de fatos adquiridos nesta vivência atual; com um tratamento eficaz nesta área afetada, libertará de tal sofrimento e não infringirá o Espírito.

Como regra geral para todos casos de enfermidade, a aceitação do sofrimento é o passo decisivo e atenuante para a liberação desse mal, enquanto a rebeldia produzirá efeito totalmente contrário, penalizando e agravando o mal, em razão de dificultar a liberação das energias negativas.

É bom ter em mente que o corpo denso estará sempre sujeito ao desgaste e a certas transformações, renovando-se constantemente, até quando não suportar mais tais processos por conseqüência da velhice dos órgãos que não mais sustentam a vitalidade para essa renovação e transitará para a falência total dos órgãos, sucedendo as desintegrações e os desajustes moleculares, advindo a "morte" desse corpo denso.

Assim, as dores têm muito a ver com os conhecimentos do paciente e das disposições psicológicas que carrega em seu íntimo, que serão os mediadores para o auto-equilíbrio da situação por que passa. Para todo o mal que aflige o ser humano não há regra nem prazo determinado, ficando dependente do procurar saber do porquê do seu mal e do desejo ardente de se curar. São fatores que darão mais forças para a sustentação e mais rapidez para o alívio. É o pedir, para receber; é o buscar, para encontrar; é o bater a porta, para se abrir. Esses são os caminhos ensinados por Jesus.

Para instruir estas reflexões sobre as enfermidades e a "morte" física, deve-se ter em conta que somente estamos em trânsito nesta caminhada na crosta e que quando chega o momento determinado da partida, ao lado de dedicados médicos e enfermeiros que a todo custo tentam "salvar" o paciente, do lado da espiritualidade, irmãos outros também intensamente dedicados atuam contrariamente, ou seja, esforçam-se no desligamento dos laços energéticos que prendem o Espírito à matéria que definha. Neste momento sublime é bastante comum o enfermo presenciar esses Espíritos trabalhando nesse sentido, bem como parentes já desencarnados entre eles, auxiliando com vibrações salutares para esse fim. Se de um lado há tristeza e choro, do outro há felicidade e alegria.

Para uma melhor compreensão, vamos nos socorrer das instruções de Allan Kardec [1] que nos fornece sinteticamente o que tentamos trazer por intermédio de inúmeras palavras: "se no momento em que se extingue a vida orgânica o desprendimento do Perispírito fosse completo, a alma nada sentiria absolutamente; se nesse momento a coesão dos dois elementos estiver no auge de sua força (vitalidade), produz-se uma espécie de ruptura que reage dolorosamente sobre a alma; se a coesão for fraca, a separação torna-se fácil e opera-se sem abalo; se após a cessação completa da vida orgânica existirem ainda numerosos pontos de contacto entre o corpo e o Perispírito, a alma poderá ressentir-se dos efeitos da decomposição do corpo, até que o laço se desfaça inteiramente". Diz ainda Kardec: "daí resulta que o sofrimento, que acompanha a "morte", está subordinado à força adesiva que une o corpo ao Perispírito".

Identicamente quero deixar aqui registradas palavras de Elisabeth Kübler-Ross [2] referentes às suas pesquisas a respeito desse momento, até então, intocável: "Há um momento na vida do paciente em que a dor cessa, em que a mente entra num estado de torpor, em que a necessidade de alimentação torna-se mínima, em que a consciência do meio ambiente quase desaparece na escuridão". É o momento da terapia do silêncio para com o paciente. Aqueles que tiveram a força e o amor para ficar ao lado de um paciente moribundo, com o silêncio que vai além das palavras, saberão que tal momento não é assustador, nem doloroso, mas um cessar em paz do funcionamento do corpo".

---

[1] *O Céu e o Inferno*. Allan Kardec. Mundo Maior Editora. SP. 2004.
[2] *Sobre a Morte e o Morrer*. Livraria Martins Fontes Editora Ltda. SP. 2000.

Encerrando estes esclarecimentos sobre a enfermidade e a "morte" do corpo orgânico denso, lembramos que existe uma nova consciência na classe médica quanto o "vencer a morte", já não no sentido impossível dessa presunção, porque não se pode vencer o que está na natureza do estágio evolutivo atual da Humanidade, não havendo, portanto, qualquer fracasso dos dedicados médicos perante o paciente, mas, sim, o labor de não haver sofrimento nessas horas derradeiras dessa passagem obrigatória, quando, então, o moribundo é sedado aqui, para despertar acolá, muitas vezes, não presenciando sequer esse trânsito. Os médicos dão o nome desse processo por "morte digna".

Capítulo 3

As "mortes" por aborto

Em todos os tempos, o aborto constituiu-se em prática comum. Na Antiguidade, tratava-se de assunto exclusivamente familiar ou até de direito privado, entretanto, nos tempos bíblicos e também no governo de Septimo Severo, 200 anos d.C., culminava-se pena para essa prática somente à mulher casada que provocasse aborto, entendendo-se, na época, como ofensa ao marido, tendo em vista a prole esperada, principalmente, tratando-se do primogênito.

Na Idade Média, com a Doutrina de Aristóteles e na autoridade de Santo Agostinho, com a Igreja ligada ao Estado, vieram as primeiras punições, pois pregavam que tal prática impedia que se fosse ministrado o sacramento do batismo. Quem primeiro puniu o aborto, como um crime especial, foi o Direito Alemão.

A ONU – Organização das Nações Unidas – mostra-nos a realidade do princípio da vida no corpo físico mais denso, com a definição de criança: "um ser vivo, desde a fecundação, durante o período uterino, e após o nascimento, até os sete anos de idade" [1]

---

[1] Boletim da Campanha de Preservação da Vida. EME Editora. 1ª Ed. 1994.

O aborto provocado por violência ou por qualquer tipo de instrumentação, em nossa constituição jurídica, é um delito de certa forma grave, apesar de estar classificado como "crime especial". Aquele ou aquela que pratica o aborto, possivelmente, não sabe que está praticando um dos maiores atos de covardia contra um ente sem qualquer possibilidade de defesa.

A nossa Carta Magna, representada pela Constituição da República Federativa do Brasil, no Capítulo VII, trata "Da Família, da Criança, do Adolescente e do Idoso", mais precisamente, no seu parágrafo sétimo do artigo 226, e reza o seguinte: *"fundado nos princípios da dignidade da pessoa humana e da paternidade responsável, o planejamento familiar é livre decisão do casal, competindo ao Estado propiciar recursos educacionais e científicos para o exercício desse direito, vedada qualquer forma coercitiva por parte de instituições oficiais ou privadas".* Portanto, o planejamento é livre, desde que não se pratique atos ilícitos.

Pelo nosso Código Penal, o aborto está incriminado nos artigos que seguem:

art. 124 – *provocar aborto em si mesma ou consentir que outrem lhe provoque:*

pena – detenção, de um a três anos.

É o aborto provocado pela gestante ou com seu consentimento;

art. 125 – *provocar aborto, sem consentimento da gestante*:

pena – reclusão, de três a dez anos.

Aborto provocado por terceiro;

art.126 – *provocar aborto com o consentimento da gestante*;

pena – reclusão, de um a quatro anos.

É a própria gestante que procura terceiros para a prática do aborto.

Parágrafo Único - *aplica-se a pena do artigo anterior, ou seja, de um a quatro anos, se a gestante não é maior de quatorze anos, ou é alienada ou débil mental, ou se o consentimento é obtido mediante fraude, grave ameaça ou violência.*

Forma Qualificada:

art. 127 – *as penas cominadas nos dois artigos anteriores são aumentadas de um terço, se, em conseqüência do aborto ou dos meios empregados para provocá-lo, a gestante sofre lesão corporal de natureza grave; e são duplicadas, se, por qualquer dessas causas, lhe sobrevêm a "morte".*

art. 128 – *não se pune o aborto praticado por médico:*

I – *se não há outro meio de salvar a vida da gestante;*

É o chamado "aborto necessário" ou "aborto terapêutico".

II – *se a gravidez resulta de estupro e o aborto é precedido de consentimento da gestante ou, quando incapaz, de seu representante legal.*

É o aborto chamado na área jurídica por *"honoris causa"* ou "aborto ético".

No primeiro caso (inciso I), praticado em última instância, quando a vida da mãe corre perigo de vida. São casos em que, antes de ocorrer a gestação, já são portadoras de certas enfermidades que, associadas à gravidez, irão sofrer um grande agravo para a saúde e na maioria dos casos para a própria vida dela. São as portadoras de doenças como insuficiência renal grave, debilidades vasculares, como a deficiência circulatória e a pressão arterial alta. São as portadoras de insuficiências respiratórias graves, como casos de tuberculose, asma crônica e grave; casos de cardiopatias, de diabetes descontroladas e doenças graves no útero. São os casos da gravidez que se desenvolve nas trompas, chamada de gravidez tubária, e muitos males de caráter psiquiátrico, como graves psicoses e debilidade mental.

Mesmo com acompanhamento médico, a gravidez nesses exemplos representa sempre risco para a gestante, razão da autorização do aborto para salvar a vida de quem já está vivo.

No segundo caso (inciso II), da gravidez resultante de estupro, denominada por "aborto sentimental", entendemos também ser um fato grave, mas a lei deixa de amparar e preservar uma vida humana (nascente), para justificar sentimento individual. A Honra sobrepondo ao Amor.

Cabe ressaltar que o nosso Código Penal, até então, não legitima o aborto chamado *eugenésico,* ainda que seja provável que a criança nasça com deformidade ou enfermidade incurável. A lei, de uma maneira geral, procura proteger os dois seres ao punir este crime: a gestante e o nascituro, porém, como vimos, há casos em que o abortamento não é punido, como esse inscrito no artigo 128 do Código Penal.

Com o fim especificamente instrutivo, vamos registrar definições de aborto, expressão esta advinda do latim, *abortu,* também chamado tecnicamente por abortamento, que tem definição na ciência médica como "A ação ou efeito de abortar ou mau sucesso na tentativa de engravidar", ou ainda, "a interrupção da gravidez, por um fato ou outro". Já na área jurídica é "a interrupção dolosa da gravidez, com expulsão do feto ou sem ela". Já abortar, do latim *abortare,* é "a expulsão prematuramente do útero, o produto da concepção, ou seja, o embrião ou feto inviável ou não".

Ainda, segundo estudos médicos e jurídicos, para a definição de aborto deve-se atender a dois critérios específicos:
1. critério obstétrico;
2. critério médico-legal ou jurídico.

Quanto ao primeiro, o critério obstétrico é considerado aborto se a expulsão do feto ocorrer antes do sexto mês da vida intra-uterina. Ocorrendo posteriormente ao sexto mês, entende-se por parto prematuro. Trata-se nesses casos do chamado aborto "espontâneo", o qual ocorre em conseqüência de interrupção por fatores de ordem natural, ou seja, se a expulsão do feto for realizada pelo próprio organismo, sem qualquer interferência externa ou violenta. Quanto ao segundo, o critério jurídico, aborto é a "morte" do produto da concepção em qualquer tempo da gestação, indo desde o início da fecundação até momentos antes da sua expulsão fisiológica, "morte" essa que deverá ser provocada por violência direta sobre o feto ou útero, sendo indiferente a conseqüência "morte", se dentro ou fora da cavidade uterina. Esse é o tipo denominado por "aborto provocado".

Juridicamente, quando o abortamento for praticado até o terceiro mês de gestação, dá-se o nome de *embriocídio* e o produto da concepção tem a denominação de embrião; quando o abortamento for praticado após o terceiro mês de gestação, denomina-se por *feticídio*, nesse caso o produto é denominado por feto.

A faculdade sublime concedida por Deus às mulheres, no sentido de emprestar o seu corpo e o seu amor para a maternidade da procriação, é um campo ímpar de aprimoramento espiritual no qual se desenvolvem o sentimento e o amor que são energias de luz para o Espírito. Enquanto que algumas questionam sobre a liberdade que deveriam dispor de "seu" próprio corpo físico, alertamos, que, na realidade, o corpo carnal é somente uma "posse", assim, neste caso, um empréstimo de Deus para o sublime trabalho de procriação. Do mesmo modo que tivemos oportunidade de hoje estarmos encarnados, com o escopo de progredir e evoluir, outros (Espíritos) também o tenham e não sejam impedidos desse direito da Natureza.

Além do mais, teremos de dar conta do que foi feito dele, principalmente, pelos excessos abusivos, de todos os gêneros, a que foi exposto. O Espiritismo, longe de querer ditar normas e condutas, vem "nesses tempos chegados", como alertava Jesus, orientar para que não se caia em erros, dos quais restarão dores e sofrimentos, que infelizmente estamos presenciando na atualidade, tudo em vista da ignorância das Leis Divinas, nas quais hoje se expia e se tenta reparar condutas ilícitas de ontem.

O pressuposto do Espiritismo é a reencarnação, isto é, o Espírito já existe antes de encarnar. A cada "morte" do corpo físico, desliga-se desse para viver na espiritualidade e depois retorna em um outro corpo físico para continuar a evolução. Dessa forma, quando esse novo ser esperado redunda em aborto, não acontece simplesmente a "morte" do embrião ou feto, mas, principalmente, a frustração de um Espírito que reencarnaria. Afirma ainda que quando o aborto é injustificável, o Espírito rejeitado torna-se um mal para a gestante. O aborto é considerado crime grave, com conseqüências na vida espiritual e na próxima reencarnação.

A Literatura Espírita é rica em fatos concretos que demonstram os sofrimentos advindos dessa ilicitude, com desarticulações no Perispírito que afetarão na próxima reencarnação no órgão genital em forma de enfermidades ou de esterilidade. Recomendamos aos que praticaram tal ato o estudo das cinco obras básicas da Doutrina Espírita e o trabalho voluntário com crianças necessitadas para que já nesta caminhada possam equilibrar suas situações.

Os Espíritos Superiores, na questão nº 358 do *O Livro dos Espíritos* [2], nos orientam e esclarecem sobre o aborto: – Constitui crime a provocação do aborto, em qualquer período da gestação? – Há crime sempre que transgredis a lei de Deus. Uma mãe, ou quem quer que seja, cometerá crime sempre

---

[2] Allan Kardec. Mundo Maior Editora. SP. 2000.

que tirar a vida a uma criança antes do seu nascimento, por isso que impede uma alma de passar pelas provas a que serviria de instrumento o corpo que estava formando.

As conseqüências do aborto surgem em dois tempos: primeiro já na existência de sua prática que, muitas vezes, traz a "morte" da própria gestante ou acentuada depressão; em segundo, desajuste das energias psicossomáticas, com comprometimento do centro genésico (no órgão genital), em conseqüência, comprometimento dos "genes" que irão desenvolver biologicamente o corpo, podendo trazer esterilidade, doenças no útero, gravidez malformada, aborto espontâneo, infecções crônicas genitais e até obsessão. No homem, quando tem participação no aborto, podem ocorrer distúrbios nos testículos, impotência parcial, infecções crônicas genitais e também obsessão. O que leva a mulher a praticar o aborto, em geral, é a falta de informação e o desconhecimento das conseqüências drásticas que virão em seqüência.

Para finalizar, o Espírito Joanna de Ângelis nos afirma: [3] "O aborto, mesmo quando aceito e tornado legal nos estatutos humanos, fere, violentamente, as Leis Divinas, continuando crime para quem o pratica ou a ele se permite submeter".

---

[3] *Após a Tempestade*. Divaldo Pereira Franco. Editora Leal. Salvador - BA. p. 67. 1974.

Capítulo 4

As "mortes" por suicídio

No capítulo "Dos Crimes Contra a Vida", do Código Penal, precisamente no art. 122, com o título "Induzimento, Instigação ou Auxílio a Suicídio", o delito de *suicídio* encontra-se assim formalizado:

art. 122: *induzir ou instigar alguém a suicidar-se ou prestar-lhe auxílio para que o faça.*

pena: *reclusão de dois a seis anos, se o suicídio se consuma; ou de um a três anos, se da tentativa de suicídio resulta lesão corporal de natureza grave.*

aumento de pena: *a pena é duplicada:*

I– *se o crime é praticado por motivo egoístico;*

II– *se a vítima é menor ou tem diminuída por qualquer causa, a capacidade de resistência.*

Como se percebe, o *suicídio*, propriamente dito, no ordenamento jurídico, não constitui crime, pois aquele que tentou esse ato e não logrou êxito no intento não responde criminalmente, e sim somente aqueles que, de um modo ou outro, concorram para o evento do *suicídio* ou da tentativa, pelo fato de que as leis jurídicas, ao proteger a vida, estão protegendo indiretamente o Espírito, desde a concepção até a "morte" física, como já vimos antes. Consultando o dicionário [1], encontramos a seguinte definição de *suicídio*: "é o ato ou efeito de suicidar-se". Em outras palavras é o assassínio de si mesmo, pois é, ao mesmo tempo, a vítima e o criminoso. É a autodestruição por livre vontade ou por falta de discernimento. Chamamos de *autocídio*.

De modo geral, crê o candidato ao suicídio que, exterminando o corpo físico, põe termo aos sofrimentos. Realizado o gesto extremo, a grande ilusão se desfaz. Sai o Espírito do sofrimento e cai na tortura. Sai do ruim e cai no pior. O suicídio é apenas uma porta aberta para sofrimentos maiores.

A reencarnação é a porta de todos os caminhos que levam a esclarecimentos e elucidações das mais complexas situações. O *Homem Integral*, em uma de suas partes, possui o Espírito Eterno e utiliza o Corpo Físico durante sua existência terrena. O processo da "morte" do corpo não interrompe a vida, apenas liberta o Espírito imortal que continua vivendo e progredindo. Na realidade, a vida não termina no túmulo.

Para entendermos melhor vamos buscar as raízes do Homem Eterno. O ser humano, em princípio, é formado pelo Espírito, pelo Perispírito e pelo Corpo Físico e, em suas caminhadas evolutivas, entre vivências na espiritualidade e na crosta terrestre, obteve acertos e erros, dos quais ganharam energias positivas ou negativas.

Dentro da complexidade de fatos que assolam o Homem na caminhada terrestre, sem dúvida nenhuma, encontra-se o ato do *suicídio*, praticado numa ação tresloucada, um dos fatos mais graves da conduta do ser humano e que somente as Leis Divinas punem. A origem das tendências ao *suicídio* é seu próprio passado desastroso. O reencarnante com essas tendên-

---

[1] Novo Dicionário Aurélio Buarque de Holanda Ferreira. Editora Nova Fronteira. Versão. 3.0.

cias apresenta uma potencialidade energética no seu próprio Corpo Espiritual, o que atrairá obsessores (espíritos com afinidade fluídica negativas) que se ligarão nas mesmas energias e o induzirão ao suicídio.

Somente com o intuito de esclarecimento vamos enumerar os tipos de *suicídios* que ocorrem:

a) Suicídio Direto: destruição violenta do corpo;

b) Suicídio Indireto: os excessos em ingerir álcool nas diversas formas de bebidas, excessos e desequilíbrio na alimentação, queda nas drogas, ambições e paixões desenfreadas e esportes de riscos.

Qualquer um deles demonstra o maior menosprezo ao vaso físico. Assim, seja qual for o tipo de suicídio, direto ou indireto, todos os praticantes responderão pelo seu gesto, segundo as circunstâncias que o motivaram, sendo a responsabilidade pelo ato sempre compatível com o grau de compreensão e evolução, existindo no caso, circunstâncias "atenuantes" (doenças mentais; ignorância; obsessões) e "agravantes" (conhecimento das leis de causa e efeito; pratica o ato em sã consciência).

De qualquer dessas ações, vão surgir distonias orgânicas que corresponderão às diversas calamidades congênitas, inclusive mutilações, câncer, lepra, anomalias nos aparelhos respiratório e digestivo, surdez, mudez, cegueira, depressão e loucura. Esses desequilíbrios refletirão de forma menos ou mais acentuada nos órgãos atingidos pelo tipo de "morte" que o suicida elegeu. As conseqüências, portanto, não serão as mesmas para todos, depende sempre das circunstâncias. Não são somente as dores físicas que afetam o suicida, existem também as aflições psíquicas, nas mais variadas repercussões, que são invisíveis aos olhos físicos, mas nem por isso menos dolorosas.

O escritor espírita Martins Peralva [2] em lavra inspirada do mais alto nos traz a classificação do suicídio:
a) por livre deliberação da pessoa;
b) por influência de obsessores;
c) por indução de terceiros.

"A livre deliberação da pessoa (a) é a que mais prevalece, em razão de que o comando da vida lhe pertence e se sofre influência de obsessores ou terceiros é devido a sua fraqueza mais do que da coação. Fraqueza essa por falta de fé (conhecimento), por ociosidade, tédio, saciedade, orgulho ferido, esgotamento nervoso, loucura, desgostos íntimos, espírito de sacrifício, revolta pelas provas vivenciadas e a mais grave, descrença em Deus. Nesse suicídio intencional, não há somente o problema da infração ante as Leis Divinas, mas também o ato de violência que a criatura comete contra si mesma, destruindo o corpo físico e lesionando o corpo espiritual, justamente no mesmo órgão atingido e terá que conviver na espiritualidade também com essas aflições".

"A influência de obsessores (b) no suicídio encontra-se vinculada na maioria das deserções do mundo, com influências e sugestões que sintonizam nas vibrações também inferiores do então obsediado. Há casos gravíssimos de resgates, onde imperaria a discutível possessão, onde o obsessor sobrepõe-se as reações e vontade do obsediado".

"A indução de terceiros (c) se dá quando há fortes interesses na "morte" de certas pessoas, por exemplo, herança, cargo, chefia ou ambição, vindo a convencer o pretendente ao suicídio que a única saída para seu problema será "desaparecer" do mundo. Geralmente pessoas que hoje se vinculam na condição de pais, cônjuges ou irmãos daqueles que estão em jorna-

---

[2] *Estudando a Mediunidade*. Editora da Federação Espírita Brasileira. RJ. 1971.

da redentora, carregando enfermidades ou deficiências físicas e mentais, foram partícipes, direto ou indireto, de suicidas que ora se reabilitam, devendo distender-lhes mãos generosas de auxílio fraterno e de amor".

Segundo estudos mediúnicos e descrições de Espíritos que vivenciaram esse drama, as conseqüências gerais dos suicidas são:

a) visão, pelo próprio Espírito, do corpo em decomposição;
b) flagelações nos planos inferiores;
c) frustrações de tentativas para a reencarnação;
d) reencarnações dolorosas com agravamento de provas.

Portanto, conclui-se que os suicidas, em vez de se livrarem do problema atormentador pelos quais passavam, acrescentam mais sofrimentos em suas vidas, onerando de forma expressiva a economia espiritual com o peso desse gesto desvairado. A tudo isso ainda se acrescentarão as dores do remorso, pelo sofrimento causado nos seres queridos que deixou na Terra, além dos entes espirituais que também sofrerão com esse ato.

Palavras de Richard Simonetti [3]: "considerando a rolagem do tempo, desde o momento em que o suicida abate o próprio corpo, o trauma violento, os sofrimentos inenarráveis no plano espiritual, o demorado tratamento em organizações socorristas, o planejamento de nova existência, a drenagem reencarnatória, podemos calcular que se passarão pelo menos 150 anos até que o desatinado desertor resolve os grandes problemas que criou para si mesmo, ao pretender livrar-se dos pequenos problemas que estava enfrentando".

Despertará no nível de sombras a que se precipitou, suportando compulsoriamente as companhias que elegeu para si próprio, pelo tempo indispensável à justa renovação. O sui-

---

[3] *Um Jeito De Ser Feliz*. Gráfica São João Ltda. SP. 1994.

cida comete o delito de omissão, furtando-se aos compromissos aceitos com seus familiares e com a sociedade, bem como profunda ingratidão para com o Criador. É um desertor. Voltará um dia para retomar o fardo deixado nas mesmas circunstâncias que deixou, para cumprir o que deve a Deus e ao seu próximo.

O escritor sergipano Hermes Martins, que desertou da vida em 1930, escreve: "O último sonho dos derrotados é a "morte".[4]

Ora, quando esse Corpo Espiritual afetado retornar a encarnar, trará em si toda essa potencialidade negativa que transmitirá para o novo corpo físico nascente, o qual desenvolverá, no tempo certo, moléstias nos órgãos respectivos do corpo material, entre eles, o estômago, fígado, rins e cardíaco, bem como problemas no sistema nervoso, destacando-se a depressão.

É fácil identificá-los no berço em que reportam:

Envenenamento = conforme o tóxico que se valeram, renascem trazendo afecções valvulares, achaques do aparelho digestivo, doenças do sangue, disfunções endoclínicas e doenças de etiologia obscura;

Incendiários do próprio corpo = amargam as agruras da ictiose ou do pênfigo;

Asfixia por água = problemas das vias respiratórias, enfisema e cistos pulmonares;

Enforcamento = distúrbios do sistema nervoso, as neoplasias diversas, paralisia cerebral infantil;

Estilhaçaram o crânio sob rodas = doenças mentais, cretinismo;

Salto de alturas = padecimento da distrofia muscular progressiva ou osteíte difusa;

---

[4] Transcrito por Léon Denis. *O Problema do Ser, do Destino e da Dor*. FEB. RJ. 1993.

Tiro na cabeça ou no coração = lesão correspondente no mesmo órgão do seu novo corpo, como deficiências mentais e cardiopatias irreversíveis;

Impacto contra veículo, provocará no novo molde físico um quadro em que o novo corpo estará marcado por traumas generalizados.

Esses exemplos não são em absoluto regra geral, mas com grande possibilidade de assim ocorrerem, em razão da relatividade ainda existente da máxima: "não existe efeito sem uma causa".

Assim, depois de determinado tempo de reeducação nos círculos de trabalho na *erraticidade* [5], os suicidas retornam ao plano carnal em regime de hospitalização na cela física enfrentando enfermidades e inibições.

Instrui-nos o escritor espírita Waldo Lima do Valle [6]: "De todas as "mortes" a pior é a "morte" pelo suicídio". "... as agonias se prolongam pela "morte" adentro e continuam numa seqüência de horrores, talvez até nova prova terrena". Assim, o dizem do outro lado da vida". Todas as religiões proíbem o suicídio, porém, a ignorância neste assunto é total". "Antigamente tinha-se o suicídio como coisa natural, e ainda hoje, desconhecendo as penas horríveis a que serão submetidos, muitos se lançam cegamente no abismo". "Há até quem julgue isto um ato de coragem. Sillus, então, precursor de Gandhi, deixou de comer e beber. E morreu. Não se conhece um suicídio inverso? Matar-se voluntariamente comendo demais".

Vamos nos fazer mais compreensíveis. O *Duplo Etérico* forma-se com a encarnação do Espírito e não possui existência própria como o Perispírito, desintegrando-se após a "morte"

---

[5] Erraticidade é estado em que se encontram apenas os Espíritos ainda sujeitos à reencarnação, pertencentes a diversos graus de evolução.
[6] Morrer e Depois. p. 22. União Editora. João Pessoa-PB. 1997.

física. É uma espécie de corpo vaporoso. Nos suicidas, o *Duplo Etérico*, ainda pleno de energias vitais, permanece ligado ao Perispírito e ao cadáver, fazendo com que o Espírito sinta uma espécie de repercussão daquilo que está a ocorrer na matéria, ou seja, a decomposição provocada pelos vermes.

O Perispírito é o intermediário entre o Espírito e o Físico, o *Duplo Etérico* é o intermediário entre o Perispírito e o Físico.

Não há na crosta terrestre sofrimento maior do que o da situação do suicida na espiritualidade. "Precisamos humanizar o suicida", diz André Luiz [7] "o céu e o inferno de cada um são criados pelo estado de consciência individual e não como resultado de um único ato determinado".

Com as provações e expiações que cada um passa, funciona a ciência médica por ser missionária da redenção, ajudando a reequilibrar os enfermos, em conformidade com os créditos morais que atingiram ou segundo o merecimento de que disponham. Necessitamos usar a Empatia (sentir o que o outro sente) para reconhecermos o que invade a alma daquele que está prestes ao ato desventurado; seu vazio, sua angústia, sua abdicação de tudo e todos.

Um Espírito jamais reencarna com a finalidade de autodestruir-se, uma vez que a reencarnação tem por objetivo o progresso moral e intelectual do Homem, todavia traz na tessitura perispirítica as marcas do ato insano, que se revela por tendências.

O suicida em potencial, possui uma pré-trajetória de sofrimento psíquico, no mínimo de sua infância ou adolescência, quando já não o carrega de vidas pretéritas. Na realidade não deseja morrer, busca desesperadamente alívio de sua intensa dor. Se ocorrer o suicídio, não perde a condição de filho de Deus, tampouco a tormentos irremissíveis.

---

[7] *Ação e Reação*. Francisco Cândido Xavier. Editora da Federação Espírita Brasileira. RJ. 1956.

A causa principal apontada como indutora do suicídio é a depressão, que os analistas do comportamento humano dizem que será, no futuro, a causa número um das doenças.

Elizabeth Kouble Ross [8]: "Ao cometer suicídio a pessoa pode estar também cometendo uma trapaça consigo mesma, pois deixa de aprender uma lição de que deveria obrigatoriamente aprender. E, ao invés de ser promovida para o próximo nível, terá que voltar a aprender aquela mesma lição desde o começo. Por exemplo, se uma moça se mata porque não consegue mais viver depois de brigar com o namorado, terá de voltar e aprender a lidar com o sentimento de perda. É possível que tenha uma vida cheia de perdas até aprender a aceitá-las". Os motivos de suicídio são de ordem passageira e humana; as razões de viver são de ordem eterna e sobre-humana.

Por fim, a precaução recomendada, entre tantas outras, é reduzir a soma das necessidades materiais, comprimir um pouco os sentidos aguçados, domar apetites vis, libertar-se do jugo das forças inferiores e preparar a emancipação do Espírito. Ter poucas necessidades é também uma das formas de riquezas do Espírito.

Yvonne A. Pereira alerta sobre as condições do espírito suicida no plano espiritual: "Não há céu, não há luz, não há sol, não há perfume, não há tréguas".[9]

A condição única para se conservar o Espírito livre, a inteligência sã, a razão lúcida, é o caminho do Evangelho de Jesus. "Eu sou a Luz do mundo, quem Me segue não andará nas trevas, pelo contrário, terá a Luz da vida". (João 8:12). Para finalizar, palavras do mentor Hilário a André Luiz: [10] "O que a vida começou, a "morte" continua".

---

[8] *A Roda da Vida*. Editora Sextante. 1998.
[9] *Memórias de Um Suicida*. Editora Federação Espírita Brasileira. RJ. 1954.
[10] *Nos Domínios da Mediunidade*. Francisco Cândido Xavier. Editora Federação Espírita Brasileira. RJ. 1954.

Capítulo 5

As "mortes" por eutanásia

A expressão *eutanásia* é de origem do grego onde o *eu* significa *bom* e *thanatos* "morte", assim, traduzindo por *boa "morte"*. Os nossos dicionários conceituam como "uma "morte" provocada sem sofrimento, tranqüila"[1]. É uma teoria humana no sentido que, com tal prática, se busca abreviar, sem dor e sofrimento, a vida física de um doente que estaria afetado por doença incurável, ou pelas palavras médicas "caso irreversível".

Os registros históricos mostram-nos que tal prática já era utilizada há séculos e, no tempo de Hipócrates, Pai da Medicina, há 400 anos a.c. os doentes já o procuravam para receberem certo tipo de produto químico, para que fossem levados à "morte", impondo um fim aos seus sofrimentos.

Em nossos dias atuais, em alguns países, pelo menos há vinte anos, já se vem praticando tal ilicitude, com a complacência da justiça e, como se tornou *usos e costumes* nessas sociedades, acabou por virar lei, como é o caso da Holanda, que, em 12 de fevereiro de 1993, concretizou essa prática sob proteção de Lei.

---

[1] *Novo Dicionário Aurélio Buarque de Holanda Ferreira.* Editora Nova Fronteira. Versão. 3.0.

De acordo com essa Lei, antecedem essa prática 28 procedimentos obrigatórios que o médico deve cumprir antes da execução da *eutanásia*, e o principal deles é o paciente estar acordado e consciente e, ele, somente ele, se permitir essa "morte" provocada. Segundo ainda esses procedimentos obrigatórios e normatizados, a *eutanásia* é realizada mediante a aplicação venosa de uma superdose de tranqüilizante, quando então, o paciente adormece e a "morte" física poderá ocorrer em minutos ou até em horas (Revista *Veja*. 9.2.93), frisando que se refere à "morte" do corpo físico somente.

Fatos baseados em estatísticas revelam que 90% da população desse país são a favor à prática da *eutanásia* e cerca de oito mil casos são realizados por ano. Nos Estados Unidos da América cresce a cada ano que passa a simpatia pela adoção da chamada *eutanásia passiva,* tanto que estes simpatizantes já fazem uso de um cartão denominado por *Biocard*, ou seja, Cartão Biológico, no qual expressam a vontade do portador, no sentido de não se utilizar aparelhagem para a manutenção de vida somente vegetativa, caso ficar inconsciente ou em estado de coma.

Aqui em nossa Pátria Brasil, que é o coração do mundo e a pátria do evangelho, ou seja, a pátria do sentimento e onde se expressa a maior aplicabilidade da pureza do Cristianismo, na realidade, essas condutas cristãs, já há muito têm refletido em nossas próprias normas jurídicas, como por exemplo: não possuímos pena de "morte", prisão perpétua, "morte" por apedrejamento nem *eutanásia*.

Só para termos uma pequena idéia o nosso Código Penal, em seu art. 121, diz: "matar alguém". Seja quem for esse alguém, estando com vida. Em seu parágrafo primeiro, reza o seguinte: "se o agente comete o crime impelido por motivo de relevante valor social ou moral..., o juiz poderá reduzir a pena". (de um sexto a um terço)

Portanto, em nosso ordenamento jurídico a *eutanásia* é um homicídio e crime grave como sabemos, podendo somente ser merecedor de atenuante de pena, por ter sido praticada por motivo de piedade e compaixão, o que fará reduzir um pouco da pena, mas terá de cumprir o restante dela, quem por um modo ou outro contribuiu para sua concretização.

Assim, com vistas somente a uma vida única e material, credo dos pagãos, materialistas e ateus, que ainda não possuem conhecimento da realidade do mundo espiritual e da Eternidade do Espírito, mas que um dia reconhecerão, seria até compreensível esse ato de interrupção do sofrimento do moribundo. Mas, com o advento da Doutrina dos Espíritos, há quase 150 anos, trazendo luz aos ensinamentos evangélicos, que a tudo esclarece e comprova, não há mais desculpa a ser alegada para continuar nessas crenças materialistas, de onde vem, então, as dores e os sofrimentos, em razão do ser humano querer continuar na comodidade, na irresponsabilidade e no desinteresse de aprender as Leis de Deus.

Entretanto, apesar dessa convicção materialista já se encontrar muito enfraquecida, em comparação com os espiritualistas, muitos que emigraram dessa crença trazem em si ainda compreensão errônea do Cristianismo que acabam interligando crença material ao Cristianismo, desvirtuando-o.

Na realidade, coube à Doutrina Espírita, como o Consolador prometido por Jesus, que faz lembrar as revelações das "boas novas" e tem por missão ensinar todas as outras coisas mais, trazendo a luz da compreensão de como ocorre a transmutação da vida material para a espiritual.

Dessa forma os ensinamentos científicos do Espiritismo demonstram que o Homem é um ser integral, constituído de *Espírito* que é a sede da inteligência ou da consciência plena; *Perispírito*, que é o corpo energético mais sutil e *Corpo Físico* constituído das energias mais grosseiras do nosso orbe, conforme já bem enfatizado em linhas atrás.

Com essa compreensão, não podemos mais direcionar o nosso raciocínio somente para o *corpo físico*, mas, também para o *corpo espiritual*, do qual nós iremos fazer uso, no mundo espiritual, após o desgaste e desagregação desse *corpo físico*.

Aí, então, é que entra o interesse do estudo sobre a *eutanásia* e suas conseqüências. De primeiro plano, como vimos, essa prática seria salutar porque teria como fim diminuir o sofrimento e a dor. Mas, nesta altura da compreensão que já possuímos a respeito da continuação da vida no plano espiritual, é de indagarmos: haveria alguma conseqüência para o *corpo espiritual*, que hoje se encontra imantado em nosso *corpo físico*, com a prática da *eutanásia*? Ou seja, com a extinção da vida corporal antes do término da *vitalidade* ainda existente nele, haveria alguma conseqüência para ele?

Sabemos que a finalidade do sofrimento não é *punitiva*, mas, sim, *educativa*. Educar nossos instintos; educar nosso modo de conduta; nosso modo de julgar; nosso modo de pensar, enfim renovar nossos conceitos.

Ainda temos nossa Lei Humana que reforça afirmando que nosso maior patrimônio é a vida. Como, então, podemos nos atribuir o direito de interromper a existência reparadora de um Espírito reencarnante? Quantos enfermos vencidos e desesperados recobram a saúde sem aparente razão ou lógica e quantos em excelente forma física são vitimados por surpresas orgânicas e morrem de um momento para outro?

Temos na atualidade, para reflexão, as pesquisas do Dr. Raymond Moondy Jr. [2]. Elas demonstram que os pacientes que passaram por situações de *quase "morte"*, após acorda-

---

[2] *Vida Depois da Morte*. 4ª Edição. Nórdica. SP. 1979.

rem, relataram que enquanto estavam em coma, viam e ouviam tudo o que se passava no ambiente hospitalar e espiritual, provando, categoricamente, que a "morte" não existe.

Por outro lado, sabemos que todos atos maléficos praticados em vidas pretéritas, acarretaram energias negativas que ficaram impregnadas no corpo espiritual e, justamente, a reencarnação atual que vivenciamos tem como finalidade a filtragem dessas energias negativas que obscurecem o Espírito, para o corpo material, manifestando-se em forma de enfermidades, traumas, conflitos e doenças incuráveis, até então.

Ora, é justamente aí que está um dos pontos importantes sobre a não-aceitação da *eutanásia*, por acarretar ao Espírito já desencarnado sofrimentos no plano espiritual, pois o tempo que restava para o Espírito continuar ainda no corpo físico seria para dar tempo aos desgastes restantes dessas energias negativas, por meio da enfermidade e do sofrimento, o que na realidade faz parte do que foi combinado e tratado nas câmaras reencarnatórias com o fim único de reequilibrar o Espírito que carregava culpa e de sua purificação possível.

Caso contrário, abreviando o desencarne, não ocorrerá esse desgaste e essas energias restantes continuarão impregnadas no Espírito, obscurecendo-o e impedindo o alcance de planos espirituais mais altos. Lembrando ainda, quando a autorização da *eutanásia* partir do próprio moribundo, que este estará autorizando também o suicídio, que trará outros sofrimentos que serão adicionados aos já mencionados.

O fato é que sempre se teve em mente que a "morte" seria o fim de tudo. Tanto é verdade que os termos mais usados quando de um desencarne são: "tudo terminado"; "é o fim de todos"; "acabou seu sofrimento"; "vive-se e morre-se"; "a última moradia"; "descansou"; "era um bom homem"; "não merecia"; "se fosse mau não teria morrido" e tantas outras expressões que demonstram como o ser humano ainda se encontra distanciado dos planos espirituais, pois tratam com a "morte" do corpo orgânico mais denso como trágico e sendo o fim da vida.

Razão dos que defendem a prática da *eutanásia*, por puro desconhecimento da realidade do prosseguimento da vida, após a transição, para a continuação em um mundo identicamente material e com um outro corpo, também material, mas muito mais rarefeito e invisível aos nossos órgãos sensitivos de utilidade somente para o ambiente terrestre. Essas afirmações são de inteira comprovação pela mediunidade que dá condições de nos adentrarmos nesse mundo, bem como as advindas por grandes cientistas do passado e da atualidade.

O conhecimento da reencarnação projeta luz nos mais intrincados problemas da vida, tirando as dúvidas em torno da enfermidade e da saúde, da vida e até da "morte", que não existe.

O Espírito André Luiz bem nos alerta: "que ninguém corte onde possa desatar" [3]. São palavras claras referentes à eutanásia, entendendo-se que ninguém tem o direito de cortar a vida bruscamente, pela razão que ela deverá desprender-se identicamente ao desatar um laço.

Para finalizar, também São Luiz nos alerta em uma de suas mensagens no *Evangelho Segundo o Espiritismo*[4], no cap. 5, item 28: "Aliviai os últimos sofrimentos o quanto for possível, mas guardai-vos de não abreviar a vida, mesmo que em um minuto apenas, pois esse minuto pode poupar muitas lágrimas no futuro".

---

[3] *Obreiros da Vida Eterna*. Francisco Cândido Xavier. André Luiz. FEB. RJ. p. 274/281.
[4] Mundo Maior Editora. SP. 2000.

Capítulo 6

A "morte" de animais

"Uns querem que o homem seja um animal e outros que o animal seja um homem. O homem é um ser à parte, que por vezes se rebaixa, ou que se eleva bem alto. No físico, o homem é como os animais e menos provido que muitos deles. Seu corpo se destrói como o dos animais". Essas são palavras de Allan Kardec, em seus comentários na questão n° 592, em *O Livro dos Espíritos*, [1] no qual registra um estudo denominado "Os animais e o Homem".

Por sua vez, Cairbar Schutel [2] nos instrui: "Não há na carne do homem, no seu sangue, nos seus ossos, um átomo diferente daqueles que se acham nos corpos dos animais; todos, ao morrerem restituem à Terra o oxigênio, o hidrogênio, o carbono, o azoto que se achavam combinados para os formar".

É evidente o nosso atraso planetário em razão de ainda nos alimentarmos de animais, ou seja, à custa de outras vidas que caminham ao nosso lado à procura do progresso. Hoje, já não se tem necessidade dessa alimentação com a descoberta de proteínas em cereais, substituindo à altura a carne. Mas para nossa satisfação causamos dores, agonias e vítimas, en-

---
[1] Ed. MM. SP. Cap. XI. 2000.
[2] *Gênese da Alma*. Casa Editora O Clarim. Matão-SP. 6ª ed. 1982.

tretanto, o animal é um ser quase como nós, que ama, que sente, que se entristece, que se alegra, que ri, que chora, que tem saudades e que sofre.

O que sabemos é que o homem é um animal racional e o animal é irracional. Esta é a diferença, entretanto, ambos são criações de Deus a caminho da perfeição.

O animal, no estágio evolutivo em que se encontra aqui na Terra, possui instinto, sentimento e uma inteligência limitada à sua necessidade animal, portanto, não se trata como muitos pensam como uma criação sem qualquer finalidade, a não ser servir ao ser humano, até com sua própria "morte". Esses animais, nossos irmãos inferiores, identicamente aos humanos, também sofrem e sentem dor com o escopo de adquirirem experiências múltiplas para sua evolução. Desse modo devemos acompanhá-los em suas necessidades e tratá-los em suas enfermidades com muito amor até sua partida para o plano espiritual.

Nesse contexto, Gabriel Delanne [3] desliza sua pena com firmeza com as seguintes elucidações: "Temos que é inútil e anticientífico imaginar teorias mais ou menos fantasistas para explicar os fenômenos naturais, quando podemos recorrer à Ciência para compreendê-los. A descendência animal do Homem impõe-se com evidência luminosa a todo pensador imparcial. Somos, evidentemente, o último ramo aflorado da grande árvore da vida, e resumimos, acumulando-os, todos os caracteres físicos, intelectuais e morais, assinalados isoladamente em cada um dos indivíduos que perfazem a série dos seres".

"Tanto é verdade que, no Homem, o embrião reproduz, mediante rápida evolução, todas as espécies pelos quais passou a raça. Todos nós fomos, no ventre materno, monera,

---

[3] *A Evolução Anímica*. FEB. 7ª edição. RJ. 1992.

molusco, peixe, réptil, quadrúpede, homem enfim. Cada retorno do Espírito, no processo reencarnatório, passa por todas essas fases evolutivas do pretérito".

"São eles os nossos parentes próximos, apesar da teimosia de quantos persistem em não o reconhecer, por isso, merecem a nossa proteção e nosso amparo". É o Espírito Emmanuel [4] que disserta essas verdades.

Os animais nessa caminhada conquistam sua individualidade, sem razão em si, pois ainda falta-lhe o raciocínio que só o terá quando seu aprimoramento chegar à compatibilidade de um Espírito, que ocorrerá em planetas mais inferiores que o nosso Terra, justamente onde ocorre o "elo perdido" entre o animal e o Homem que os cientistas não encontram.

Assim como o ser humano possui seu envoltório espiritual desenvolvido pelo princípio anímico, o animal também o possui. Portanto, da "morte" do corpo físico do animal, desprende-se o "corpo fluídico" dessa individualidade, que é a soma de suas conquistas adquiridas na caminhada evolutiva, rumo ao último ramo da árvore "a vida racional". Desse modo, estagiará na erraticidade por curto tempo, com raras exceções, retornando quase que de imediato a um novo corpo animal carregando mais experiência.

É de Léon Denis, o colaborador de Allan Kardec, essa lavra: "A alma dorme na pedra, sonha no vegetal, agita-se no animal e desperta no homem", bem como, na sabedoria oriental, numa mesma linha de pensamento ensina que "em toda pedra há um Buda adormecido". Por fim, os Espíritos Superiores na obra filosófica da Doutrina Espírita [5] dizem o seguinte: "Tudo serve, tudo se encadeia na Natureza, desde o átomo primitivo até o anjo que também começou por ser átomo".

---

[4] Livro: *Emmanuel*. Francisco Cândido Xavier. FEB. 16ª edição. Cap. XVII. RJ. 1994.
[5] *O Livro dos Espíritos*. Allan Kardec. Mundo Maior. SP. 2000.

Até hoje o problema da origem do Homem é ainda sem uma resposta por esbarrar no chamado "elo perdido", entre o animal e o Homem, a qual está "guardada" na espera paciente do desenvolvimento do ser humano que estagia aqui na Terra para essa resposta. Bem disse Leibnite: "A Natureza não dá saltos". Todavia, as evidências de estudos e experiências elaboradas por ilustres cientistas, entre eles, Gabriel Delanne, Willian Crookes, Richet, De Rochas, César Lombroso, os quais não mediram os desgastes vitais que se sujeitaram para grandes conquistas científicas, mas, infelizmente, cientistas atuais simplesmente ignoram seus trabalhos, mas dia virá que terão de reconhecer suas descobertas que demonstram não ter diferença essencial, quanto ao princípio, entre a alma animal e o ser humano, somente ainda falta, no primeiro caso, o tempo para conquista da razão, ou seja, ser racional. Com outro entendimento diríamos existir diferença de graus evolutivos para atingir o princípio da inteligência e do moral.

Essa evolução está engrenada a partir da irracionalidade para a racionalidade e desta para a angelitude. O Homem tem de se convencer que a Natureza é a mãe sábia de todos seres criados por Deus – homens e animais – e todos têm o mesmo direito à vida material e espiritual. Pois, se estamos deslumbrando um mundo melhor, se pretendemos participar dessa transição que está ocorrendo do mundo velho para um novo, ou, como o Espiritismo ensina, sairmos do mundo de provas e expiações, para o de regeneração, temos de acabar com tantas matanças entre os próprios seres humanos, e estes, com os animais. Já estamos vivenciando tempos que devemos mudar hábitos sobre alimentação animal, principalmente, da carne vermelha. Caso contrário nunca iremos desincompatibilizar das energias negativas que carregamos no Espírito e ficamos sem condições de adentrarmos no novo mundo, pois nossas energias não serão compatíveis com ele.

Capítulo 7

A "morte" no evangelho

Neste capítulo, na primeira parte, vamos transcrever passagens do Evangelho nas quais Jesus usou a expressão "morte", que são de interesse de nosso estudo e, na segunda parte, passagens com essa expressão, mas de forma geral, com o entendimento da época e com a certeza de hoje, de realidade inexistente.

"Em verdade, em verdade vos digo: quem ouve a minha palavra e crê naquele que me enviou, tem a vida eterna, não entra em juízo, mas passou da "morte" para a vida".[1]

Crer em Jesus é, na realidade, acreditar e praticar Sua doutrina a qual foi posteriormente denominada Cristianismo. Essa atitude durante a caminhada terrestre levará ao conhecimento das Leis Imutáveis de Deus e, em conseqüência, refletirá em luz ao Espírito, pois nessa complexidade do aprendizado e da conduta ocasionará a troca das energias negativas pelas positivas. Com isso, livrar-se-á do transcurso, por vezes traumático, da "morte" do corpo orgânico denso e do despertar na espiritualidade, em razão da conquista dessas energias. O Divino Mestre acrescenta que é imprescindível crer em Deus e, ao mesmo tempo, crer que Ele foi enviado como o Cristo de

---

[1] *João 5:24.*

Deus. Tudo isso para crer em Suas verdades que dão, em Suas palavras, a vida eterna, ou seja, conquista a vida espiritual ainda aqui encarnado. É o desprendimento da matéria mais densa do corpo físico que dá, a qualquer um que chegar nessa conquista, livrando-o do chamado juízo *post-mortem*, em razão desse juízo ter sido já entendido quando aqui encarnado.

"*Em verdade, em verdade vos digo: se alguém guardar a minha palavra, não verá a "morte", eternamente*".[2]

Quando o Nazareno fala em "guardar" suas palavras, é no sentido da sua vivência em nossas condutas, diuturnamente, fato *sine qua non* para não ver a "morte", isto é, adormecerá na matéria densa e acordará na matéria sutil sem qualquer trauma, e isso eternamente, no sentido de todas outras reencarnações que vierem a ocorrerem.

"*Disseram-lhe os judeus: Agora, estamos certos de que tens demônio. Abrão morreu, e também os profetas, e tu dizes: Se alguém guardar a minha palavra não provará a "morte", eternamente*".[3]

Nesta passagem evangélica fica claro que os judeus não tinham ainda entendido a missão crística de Jesus de ensinar e demonstrar a não-existência da "morte" e a vida eterna do Espírito. O que o Mestre sofreu naquela ocasião com injúrias, difamações e calúnias em virtude de a Sua doutrina não compreendida, com acusações de que estava com o "demônio", e quantas outras vezes, com acusações absurdas que curava por meio de demônios, fatos esses que mesmo em nossa atualidade com quase 150 anos da implantação da Doutrina Espírita, irmãos ainda cegos e enfermos do Espírito divulgam, irresponsavelmente, como no passado, que o Espiritismo identicamente atua com demônios. Chegou-se ainda a uma inversão total, sem precedente, em certas acusações de que os mais de 400

---

[2] *João 8:51*.
[3] *João 8:52*.

livros psicografados pelo saudoso e iluminado, Francisco Cândido Xavier, teriam sido obtidos pelo "demônio" que estaria transmudado em anjo. Pasmem.

"*Mandaram, pois, as irmãs de Lázaro, dizer a Jesus: 'Senhor, está enfermo aquele a quem amas'. "Ao receber a notícia, disse Jesus: 'Esta enfermidade não é para "morte", e sim para a glória de Deus, a fim de que o Filho de Deus seja por ela glorificado'*".[4]

Expressamente registrada, pelos evangelistas, a afirmação do Divino Nazareno que a "morte" de Lázaro, na realidade, era uma enfermidade, enfermidade essa que iria glorificar Jesus e, ao mesmo tempo, transmigrar do íntimo dos responsáveis da religião daquela época, o ciúme, a inveja e o fanatismo que os cegavam por completo. A suposta ressurreição de Lázaro, hoje, reconhecida pela ciência médica, fato semelhante que ocorrera com Lázaro, tido como acometimento de Catalepsia ou Letargia e não "morte", fato que já estudamos em capítulo específico.

"*Em verdade vos afirmo que, dos que aqui se encontram, alguns há que, de maneira nenhuma passarão pela "morte" até que vejam ter chegado com poder o reino de Deus*".[5]

Jesus prediz que alguns, referindo-se aos seus discípulos, antes da "morte" física irão ver aberto a vida espiritual, e isso aconteceu com a ressurreição Dele e até o famoso toque de Tomé nas chagas, também impregnadas no Seu Perispírito.

"*O Filho do Homem será entregue nas mãos dos homens, e o matarão; mas, três dias depois da sua "morte", ressuscitará*".[6]

Novamente prediz o seu futuro e Sua enorme missão de demonstrar e testemunhar a continuação da vida, o que foi chamado por ressurreição, que, na verdade, foi a materialização do Perispírito ou Corpo Espiritual.

---

[4] *João 11:3-4 e 13.*
[5] *Marcos 9:1; Lucas 9:27; Mt. 16:28.*
[6] *Marcos 9:31; Marcos 10:33; Mateus 20:10.*

Agora de forma geral e não relacionado com o nosso estudo, vamos registrar passagens evangélicas que mencionam a expressão "morte" nos seguintes relatos:

"Dispondo-se ele, tomou de noite o menino e sua mãe e partiu para o Egito; e lá ficou até à "morte" de Herodes, para que se cumprisse o que fora dito pelo Senhor, por intermédio do profeta: Do Egito chamei o meu Filho". (7)

O rei Herodes, ao saber que havia nascido em Belém da Judéia a criança que seria o Rei dos Judeus, alarmou-se e enfurecido por não receber notícias concretas que seriam dadas pelos magos, determinou que matassem todos os meninos de Belém e dos arredores, de dois anos para baixo. Ouve grande clamor e lamento nesses lugares. Com a "morte" de Herodes, um anjo apareceu em sonho a José e avisou da "morte" do rei e mandou que retornasse a Israel, fato esse registrado no Velho Testamento: "Do Egito chamei o meu Filho".

"O povo que jazia em trevas viu grande luz, e aos que viviam na região e sombra da "morte" resplandeceu-lhes a luz". (8)

Partindo Jesus de Nazaré, foi morar em Cafarnaum, situada à beira-mar, nos confins de Zebulum e Naftali, justamente, para cumprir profecia de Isaías: "Terra de Zubulum, terra de Naftali, caminho do mar, além do Jordão, Galiléia dos gentios! O povo que jazia em trevas viu grande luz, e aos que viviam na região e sombra da "morte" resplandeceu-lhes a luz".

"Um irmão entregará à "morte" outro irmão, e o pai, ao filho; filhos haverá que se levantarão contra os progenitores e os matarão". (9)

São palavras de Jesus dirigidas aos Seus discípulos que indagavam quando aconteceria o "fim dos tempos" e, além de falar das guerras, fez as predições que realmente hoje estão

---

(7) *Mateus 2:14/15.*
(8) *Mateus 4:16; Marcos 1:14-15; Lucas 4:14-15.*
(9) *Marcos 1-0:21; Mateus 24:3-14; Lucas 21:7-19.*

acontecendo, principalmente, dentro do próprio lar, entre pais e filhos. Jesus também disse àquela época: *"Os inimigos do Homem serão os da sua própria casa".*

"Porque Deus ordenou-lhe: Honra a teu pai e a tua mãe; e: Quem maldisser a seu pai ou a sua mãe seja punido de "morte"".[10]

O ser humano, em todas as épocas e em nossos tempos também, em detrimento as Leis Divinas, substitui por tradições advindas de usos e costumes, por acomodar suas práticas e, geralmente, enraizadas no apego material. O "honrai pai e mãe" está sendo esquecido e essa falta acarreta muita dor e sofrimento aos que infringirem esse mandamento, justamente, por ser ato de maior ingratidão dos filhos para com os pais, que lhes deram a oportunidade de retornarem ao plano material mais denso para os ajustes e progresso. A punição "de morte", como diz as Escrituras, é o resultado para o Espírito infrator, pois, ao desencarnar será considerado "morto" por não vivenciar planos de luz, e sim, de trevas.

"Ora, os principais sacerdotes e todo o Sinédrio procuravam algum testemunho falso contra Jesus, a fim de O condenarem à "morte".[11]

A doutrina de Jesus incomodava os sacerdotes e os anciões da época, pelo motivo que desarticulava todo o sistema e tradição milenar, enraizada nos costumes, enquanto que as "boas-novas" traziam renovações profundas que foram de difíceis entendimentos, por serem altamente morais e espirituais. Somente restava para eles tirarem a vida do Mestre, mas somente a vida material.

"Então, pela terceira vez, lhe perguntou: Que mal fez este? De fato, nada achei contra ele para condená-lo à "morte"; portanto, depois de o castigar, soltá-lo-ei".[12]

---

[10] *Marcos 15:4; Mateus 15:4.*
[11] *Mateus 26:59; Marcos 20:18; Lucas 24:20; Mateus 26:66; Marcos 14:64.*
[12] *Mateus 23: 15-22.*

Apesar de Pilatos insistir com o povo que não encontrava em Jesus nada que poderia incriminá-lo à pena de "morte", mesmo assim determinou que fosse torturado e prometeu soltá-lo. Entretanto, não agüentou a pressão e com receio de perder o cargo, cedeu e condenou-o à "morte", mas não sabiam que seria para a maior glória da Humanidade, a prova concreta que a vida é eterna.

"*Revelara-lhe o Espírito Santo que não passaria pela "morte" antes de ver o Cristo do Senhor*".[13]

Existia em Jerusalém um homem chamado Simeão que era justo e piedoso perante aos Homens e a Deus, de avançada idade, que esperava a chegada do Messias para depois morrer. Diz o Evangelho que esse homem recebera tal revelação por intermédio do Espírito Santo, ou Espírito de Luz, pela sua mediunidade. Naquela época a tradição mandava que todos os primogênitos fossem apresentados ao Senhor no templo. Assim, cumprindo esse costume, Maria, mãe de Jesus, foi e O apresentou, quando, então, Simeão influenciado por um Espírito de Luz, soube desse fato e acorreu ao templo, onde tomou no colo o menino Jesus e louvou a Deus pelo envio do Salvador dos Homens e proferiu estas palavras: "Agora, Senhor, podes despedir em paz o teu servo, porque os meus olhos já viram o Salvador".

"*Ele, porém, respondeu: Senhor, estou pronto a ir contigo, tanto para a prisão como para a "morte"*".[14]

Estas palavras foram ditas por Simão, que depois teve o nome mudado por Jesus para Pedro. Nesta oportunidade, o Mestre lhe diz: "Afirmo-te, Pedro, que hoje, três vezes negarás que me conhece, antes que o galo cante".[15] Ainda completa: "Eu, porém, rogarei por ti, para que a tua fé não desfaleça; tu, pois, quando te

---

[13] *Lucas 2:26.*
[14] *Lucas 22:33.*
[15] *Lc. 22:34.*

converteres (ainda não estava convertido), fortalece os teus irmãos".[16] Na realidade, após a negação de Pedro e o seu remorso por tal ato, foi um dos discípulos mais atuantes na caminhada do Cristianismo, o que motivou por diversas vezes sua prisão, culminando com sua "morte", em defesa do Evangelho.

"... o servo do centurião a quem este muito estimava, estava doente, quase à "morte"..."[17]

Um centurião, que tem às suas ordens cem soldados, ouvindo falar a respeito de Jesus e estando o seu servo à "morte", enviou anciãos e amigos ao encontro de Jesus com essas palavras: "Eu mesmo não me julguei digno de ir ter contigo, porém manda com uma palavra, e o meu servo será curado. Porque também sou homem sujeito à autoridade, e tenho soldados às minhas ordens, e digo a este: vai, e ele vai; e digo a outro: vem, e ele vem; e ao meu servo: fazes isto, e ele faz. Ouvidas essas palavras, admirou-se Jesus dele e, voltando-se para o povo que o acompanhava, disse: Afirmo-vos que nem mesmo em Israel achei fé como esta. E, voltando para casa os que foram enviados, encontraram curado o servo".

"Pois tinha uma filha única de uns dez anos, que estava à "morte"".[18]

Relata o Evangelho que Jairo, chefe da Sinagoga, prostrou-se aos pés de Jesus e suplicou-lhe que fosse até sua casa, pois sua filha estava à "morte". O Mestre, estando no meio de uma multidão, onde atendeu mais um caso e ainda falava ao povo, eis que veio uma pessoa da casa do chefe da Sinagoga, dizendo: Tua filha já está "morta", não incomoda mais o Mestre. Mas Jesus, ouvindo isto, lhe disse: Não temas, crê somente, e ela será salva. Tendo chegado a casa, na presença somente de Pedro, João e Tiago e os

---

[16] Lc. 22:32.
[17] Lucas 7:2.
[18] Lucas 8:42.

pais da menina, em meio a prantos, Jesus disse: "Não choreis; ela não está 'morta', mas dorme". E, em voz alta, disse: "Menina levanta-te". Imediatamente se levantou e Ele mandou que lhe dessem de comer. Mais um caso de Catalepsia ou Letargia que já estudamos em capítulo anterior.

"... para alumiar os que jazem nas trevas e na sombra da "morte", e dirigir os nossos pés pelo caminho da paz".[19]

Estas palavras se referem ao chamado "Cântico de Zacarias", proferido por Zacarias, pai de João Batista, que se encontrava cheio do Espírito Santo, ou em palavra atual, inspirado por Espírito de Luz, referindo-se ao nascimento de João Batista que iria ter a incumbência de preparar o caminho de Jesus, e nessa preparação, iria iluminar os que se encontram nas trevas, ou seja, na ignorância das verdades das Leis Divinas e, o mais importante, tirar a "sombra da morte", por não existir esta.

---

[19] *Lucas 1:79.*

Capítulo 8

A "morte" de Jesus

Somente com o intuito de instruir estes estudos sobre a "morte", vamos consignar neste capítulo o registro da "morte" física de Jesus de conformidade com os quatro evangelistas. (Mateus, Marcos, Lucas e João)

Era já quase à hora sexta quando houve treva sobre toda a Terra até à hora nona, tendo desaparecido o sol. Quase à hora nona, Jesus bradou em alta voz, dizendo: *"Eli, Eli, lemá sabachtáni?"*, isto é, Deus meu, Deus meu, porque me abandonaste?".

Depois, sabendo Jesus que tudo estava consumado, para que se cumprisse a Escritura, disse: *"Tenho sede!"* (ver o registro no Velho Testamento).

Havia ali um vaso cheio de vinagre. Imediatamente, correu um deles a tomar uma esponja, embebeu-a em vinagre e, fixando-a numa cana de hissopo e levando-a à sua boca, dava-lhe de beber.

"Mas, os outros diziam: *Deixa, vejamos se Elias vem salvá-lo!* E o outro dava-lhe de beber, dizendo: *Deixai! Vejamos se Elias virá descê-lo!*

Então Jesus, depois de ter tomado o vinagre, disse: *Está consumado!"*. Depois, tornando a dar um grande grito, Jesus entregou o Espírito, dizendo: *"Pai, em tuas mãos entrego o meu espírito"*.

Dizendo isso, inclinou a cabeça, entregou o Espírito e expirou. Como era a Preparação, os judeus, para que no Sábado não ficassem os corpos na cruz, pois era grande o dia de Sábado, rogaram a Pilatos que lhes quebrassem as pernas e fossem dali retirados. Vieram, pois, os soldados e quebraram as pernas do primeiro e depois do outro, que fora crucificado com Ele. Chegando a Jesus e vendo-o já morto, não lhe quebraram as pernas (*"Nenhum dos seus ossos será quebrado"* – Êxodo 12:46), mas um dos soldados lhe abriu o lado com uma lança e logo saiu sangue e água.

Passados os três dias prometidos para que ocorresse a ressuscitação, Maria Madalena foi até o sepulcro a fim de embalsamar o corpo do Mestre, não o encontrando, porém, um Espírito de Luz indaga: "Por que buscais entre os mortos ao que vive?". E aduziu: "Ele não está aqui, mas ressuscitou. Lembrai-vos de como vos preveniu, estando ainda na Galiléia, quando disse: *"Importa que o Filho do Homem seja entregue nas mãos de pecadores, e seja crucificado, e ressuscite no terceiro dia"*.

Após alguns dias "Jesus apareceu no meio deles e lhes disse: Paz seja convosco! Eles, porém, surpresos e atemorizados, acreditavam estarem vendo um "espírito". Mas Ele lhes disse: "Por que estais perturbados? E por que sobem dúvidas ao vosso coração? Vede as minhas mãos e os meus pés, que sou eu mesmo; apalpai-me e verificai, porque um "espírito" não tem carne nem ossos, como vedes que Eu tenho."

Passados mais alguns dias "estavam outra vez reunidos os seus discípulos, e Tomé, com eles. Estando as portas trancadas, veio Jesus, pôs-se no meio e disse-lhes: "Paz seja convosco!". E logo disse a Tomé: "Põe aqui o dedo e vê as minhas mãos; chega também a mão e põe-na no meu lado; não sejas incrédulo, mas crente". Respondeu-lhe Tomé: Senhor meu e Deus meu! Disse-lhe Jesus: porque me viste, creste? Bem-aventurados os que não viram e creram".

Um dos pontos interessantes é justamente quando o próprio Jesus diz: "Pai, em tuas mãos entrego o meu 'Espírito'", ou, "porque um espírito não tem carne nem ossos", enquanto, que, na tradução feita "acreditavam estarem vendo um espírito", houve o propósito de dar um entendimento errôneo para não demonstrar que o Espírito, após a desintegração do corpo orgânico, possa entrar em contato com os encarnados. Na realidade, a tradução certa é a seguinte: "... acreditavam estar vendo um 'fantasma'", e, "... porque um 'fantasma' não tem carne nem ossos".[1]

Como sabemos, pela Doutrina Espírita, o Perispírito ou o Corpo Espiritual, corpo esse que o Espírito irá fazer uso na outra dimensão energética após a desagregação do corpo orgânico mais denso, possui órgãos idênticos ao chamado "de carne", mas energeticamente é a mais sutil razão porque o Divino Mestre mandou o incrédulo Tomé tocar em Suas chagas. Com esse corpo e em um plano compatível com a mesma freqüência energética é onde se vive após o desencarne, como o próprio Cristo testemunhou. Na verdade Ele veio para tal fim, ou seja, à comprovação da não-existência da "morte", e sim uma seqüência imediata.

---

[1] Mateus 27:45/54; Marcos 15:35/39; Lucas 23:44/48 e João 19:28/30.

Capítulo 9

A visão materialista da "morte"

Materialismo: "doutrina da Filosofia clássica segundo a qual a realidade é material ou física", [1] ou por outras palavras, [2] "é a vida voltada unicamente para os gozos e bens materiais. Diz ainda, em sentido filosófico, que é a tendência, atitude ou doutrina que admite que as chamadas condições concretas materiais são suficientes à investigação, inclusive os fenômenos mentais, sociais ou históricos".

Assim, considera-se a matéria como a única realidade e nega a existência do Espírito, da vida espiritual e de Deus. Para os materialistas, "... a alma é o princípio da vida material orgânica; ela não tem existência própria e cessa com a vida".[3] A inteligência seria para os materialistas "uma propriedade da matéria, nasce e morre como o organismo. O Homem nada é antes, nem depois da vida corporal".[4]

O materialismo sempre existiu em razão da existência dos princípios de propriedade e de conservação que são inerentes à

---

[1] *Dicionário Aurélio Básico da Língua Portuguesa*. Editora Nova Fronteira. RJ. 1988.
[2] *Nova Enciclopédia Ilustrada* – Folha de São Paulo – 1996.
[3] *O Livro dos Espíritos*. Allan Kardec. Mundo Maior Editora. Introdução II. SP. 2000.
[4] *Obras Póstumas*. Allan Kardec. Editora da Federação Espírita Brasileira. RJ. p. 194. 1973.

matéria, tendo como fim vincular ao máximo o ser humano na caminhada terrestre para sua evolução. Essas idéias materialistas por um bom tempo se manifestavam com a idéia positivista e se apresentava na maioria das obras literárias e artísticas de tempos passados.

Assim, a crença materialista sempre se opôs a crença do espiritualismo, e todo princípio desenvolvido do espiritualismo foi sempre arraigado em bases materiais, tanto é verdade que em nossos dias é evidente a fé pregada em princípios materiais, ou movidos a rituais e crendices. Portanto, os seus seguidores, incrédulos na intuição que trazem no íntimo a lhes questionar sobre a continuação da existência após a falência do corpo orgânico, prendem-se, cada vez mais, nas coisas materiais, não se preocupando com suas condutas, com a justiça e com a parte moral, mas com toda certeza, quando se aproximarem da velhice, sua consciência mais lhe indagará sobre a vida futura, quando, então, os choques entre sua convicção e as possibilidades que lhes vão dissipando na consciência dessa vida futura trarão as angústias e os desequilíbrios e, o pior de tudo, a dúvida, que atuará como um tormento sem fim.

Kardec diz que "a propagação das idéias materialistas é como o veneno que inocula em muitos o pensamento do suicídio...".[5] São palavras que nos fortalecem em afirmar que, a maioria dos suicídios em pessoas de terceira idade são fundamentados na incredulidade, que carregaram durante quase toda existência, principalmente, durante a juventude e a idade adulta.

A ciência materialista, em nosso tempo atual, conceitua que o corpo material não passaria de um conglomerado de átomos, moléculas e tecidos, com cargas vitalizantes que se desgastam, admitindo-se a existência da parte psíquica, que tam-

---

[5] *Evangelho Segundo o Espiritismo*. Mundo Maior Editora. SP. Cap. 5, item 16. 2000.

bém chamam de "alma", a qual seria identicamente extinta com a "morte", pois admitem somente a matéria e a força como os únicos princípios que regem o ser humano, deixando de considerar grandes filósofos como Sócrates, seu discípulo Platão, Pitágoras, Aristóteles e Galeno, dentre tantos outros, que até morreram em defesa dessa causa, ou seja, continuação da vida, em Espírito, após a desagregação do corpo físico.

Dessa crença surgiu a denominação *materialista*, traduzindo-se como pessoa voltada às coisas materiais e descrente de tudo que se refere a Deus e ao Espírito. Tudo tem resposta, para eles, na própria matéria.

Para elucidar esse tema trazemos novos ensinos de Kardec[6] nos quais distinguem-se duas classes de materialismo: na primeira "estão os que o são por sistema. Para eles não há dúvida, só existe a matéria. Aos seus olhos o Homem não passa de uma máquina enquanto vivo, mas que se desarranja e depois da "morte" só deixa o esqueleto". A segunda, "compreende os que por indiferença e, podemos dizer por falta de coisa melhor já que o materialismo real é o sentimento antinatural. Não o são deliberadamente e o que mais desejam é crer, pois a incerteza os atormenta; sentem uma vaga inspiração do futuro, mas esse futuro lhes foi apresentado de maneira que sua razão não pode aceitar, nascendo disso a dúvida e a incredulidade não se apóia em um 'sistema'. Tão logo lhes apresenteis alguma coisa de racional eles a aceitarão com ardor".

Portanto, o pensamento único dos materialistas é o "gozar a vida", porque será sua única oportunidade e, quando não o faz, arrepende-se amargamente o gozo perdido. Nessa crença vazia e do nada está toda concentração do ser humano materialista, pois, até certo ponto, não carrega nenhuma outra preocupação, a

---

[6] *Livro dos Médiuns*. Mundo Maior Editora. SP. Primeira Parte. Cap. III, 20. 2004.

não ser no presente. Entretanto, Kardec faz um alerta importante aos crentes dessa doutrina: [7] "Haverá algo de mais desesperador do que esse pensamento da destruição absoluta? Afeições caras, inteligência, progresso, saber laboriosamente adquirido, tudo despedaçado, tudo perdido! De nada nos serviria, portanto, qualquer esforço no sofreamento das paixões, de fadiga para nos ilustrarmos, de devotamento à causa do progresso, desde que de tudo isso nada aproveitássemos..."

Toda essa crença somente será o prejudicial estímulo ao egoísmo, a ganância, ao orgulho e origem de todos os vícios que levam o Homem aos maiores acúmulos de condutas desequilibradas que, um dia, precisarão ser equilibradas, e isso ocorrerá com dores e sofrimentos e muito arrependimento.

É bom lembrar que *matéria* é definida como o que tem extensão, o que pode provocar impressão sobre os sentidos e o que é impenetrável, culminando com a tese de que dois corpos não podem ocupar o mesmo espaço. Este é somente o ponto de vista da ciência humana, até então, mas, hoje em dia, já se sabe que a *matéria* existe em estados ainda desconhecidos do ser humano, em que há condições de dois corpos ocuparem o mesmo espaço. Cientistas com a mente aberta já conseguem demonstrar a existência de *matéria* muito mais etérea e sutil que a nossa, a qual não provoca nenhuma impressão aos nossos cinco sentidos, todavia é uma *matéria*. A Doutrina Espírita há muito já ensina a existência desses planos de matéria mais sutil, acima de nossa crosta terrestre, agora chamado pela ciência humana de "Mundo Paralelo".

O grande apóstolo da Codificação Espírita, Léon Denis, já previa o que está acontecendo[8]: "Tempo chegará em que to-

---

[7] *O Céu e o Inferno*. Allan Kardec. O Pivir. Mundo Maior Editora. SP. 2004.
[8] *Depois da Morte*. Editora da Federação Espírita Brasileira. 17ª Edição. RJ. 1897.

dos esses vocábulos: materialistas, positivistas, espiritualistas, perderão sua razão de ser, porque o pensamento estará livre das peias e barreiras que lhes impõem escolas e sistemas".

Para concluir sobre o *materialismo* e confirmar tudo que foi exposto, registramos apurações científicas advindas pelo médico psiquiatra e pesquisador nesta área, Prof. Dr. Sérgio Felipe de Oliveira[9], que assim nos instrui:

"A matéria como nós a percebemos, como a sentimos, é constituída de átomos, compostos, por sua vez, por prótons, nêutrons e a eletrosfera ou a nuvem de elétrons. Então, toda a matéria tem, por assim dizer, na sua superfície, uma quantidade de elétrons, que são partículas de carga negativa. Quando aproximamos dois corpos materiais, na verdade, estamos juntando camadas de elétrons, isto é, o mesmo que aproximar ímãs da mesma polaridade, o que provoca uma repulsão, porque a atração, como sabemos, só é possível se houver pólos contrários. No caso da matéria, a sua camada superficial é formada por elétrons, o que implica em repulsão e é esta que dá a impressão tátil (do tato). O que nós sentimos, ao pegar um objeto, é a repulsão dos elétrons".

"Se fosse possível tocar a matéria, conforme se imagina no senso comum, então, essa camada de elétrons entraria em outra, de modo a produzir uma verdadeira fusão atômica...". "Com isso se conclui que a matéria é intangível. Outro fato interessante também é o seguinte: Para que um objeto possa ser visto, há a necessidade de que ele esteja iluminado, desse modo, o que enxergamos não é o objeto, mas a luz refletida nele. Então a matéria é invisível, e também intangível. Outra questão é também o átomo. A maior parte dele é vazio. Quer dizer, a essência da matéria é constituída de vácuo. E este significa ausência absoluta de matéria".

---

[9] Curso sobre "Fenomelogia Orgânica e Psíquica da Mediunidade". *Site*: www.feal.com.br.

No livro "Desmistificando o Dogma da Reencarnação", o nosso amigo e pesquisador, Prof. Dr. Wladimir Sanchez,[10] nos instrui com o seguinte:

"... A matéria se apresenta sempre sob duas formas distintas, *onda ou partícula,* do nascimento e da "morte" de partículas e da exasperante indeterminação da realidade explicada pelo chamado Princípio da Incerteza de Heisemberg, mostram que os fenômenos da Natureza são sempre os mesmos, independentemente da forma como se apresentam".

Continua o Dr. Sérgio Felipe: "Einstein, através de cálculos matemáticos já havia presumido que, no vácuo do átomo, teríamos uma energia que denominou por *"energia flutuante quântica do vácuo".* Posteriormente, Paul Dirac, ganhador do Prêmio Nobel de Física, trabalhou essa questão do vácuo atômico, afirmando que existe um mar de partículas, subjacente a ele. Como entender esse mar de partículas? Elas vibrariam numa velocidade infinita, tornando-se, então, invisíveis, como acontece com as pás de um ventilador ou as hélices de um avião, que oscilam muito rápido, e por isso não se consegue enxergá-las. Assim, as partículas com vibração muito rápida tornam-se invisíveis aos sensores da nossa ciência, que não tem tecnologia para detectá-las.

"Na verdade, a energia flutuante quântica do vácuo é representada por partículas de matéria ou de antimatéria de velocidade, presumivelmente, superior à da luz, que poderiam, eventualmente, aparecer no vácuo atômico, aos nossos sensores, voltando, depois, a cair no mar de partículas. Dessa forma, o vazio, a ausência de matéria não existiria".

"Curiosamente, na Universidade de São Paulo, no Instituto de Física, o Laboratório de Pesquisa de Hadrons vem se

---

[10] Edições IPECE – Instituto de Pesquisa e Ensino da Cultura Espírita. SP. 2002.

baseando na idéia de que o vácuo, na verdade, é aonde existe a maior parte da estrutura da matéria, subjacente a ele, existiria um universo de partículas que ainda não foi avistado". "A respeito do trabalho dos cientistas na obra, "*Nos domínios da mediunidade*"[11], que trazem muitas revelações científicas e explicam a questão da relação entre o mundo espiritual e o físico, mais precisamente na introdução, o Espírito Emmanuel afirma que os cientistas materialistas são também de Deus, porque, ao investigarem a estrutura da matéria, vão chegar à conclusão de que ela não existe e perderão o objeto de sua própria convicção".

"Na verdade, o termo matéria precisa ser amplificado, porque ela não é somente esse tipo que nós conseguimos apalpar, mas é também o que entra na constituição desses universos paralelos ou planos espirituais, que seriam dotados de outros dos seus padrões, que vibram em outra freqüência, em outra dimensão. Assim, em tese, nas diversas dimensões, ela não deixaria de ter consistência para os habitantes de cada uma delas".

"Desse modo, o plano espiritual não seria constituído por figuras virtuais ou fantasmas etéreos, mas por entidades de consistência física sólida, com grande expressão de cores, formas, sons, compostos por outros padrões de matéria desconhecidos ainda da nossa Ciência contemporânea, mas, já presumidos pelos estudos da física teórica ou da física matemática". "(...) Os dois universos interceptam-se, acasalam-se, eles se tocam. Então o universo mental ou psíquico ou o universo da alma, tem uma relação com o universo físico. A imaginação e o pensamento teriam um ponto de contato real e concreto com o universo físico".

---

[11] Francisco Cândido Xavier. Espírito André Luiz. Editora da Federação Espírita Brasileira. RJ. 1955.

"Einstein esclareceu que, por mais vasto que o Universo pareça a nós, viajar através dele nada significa para a luz". Os físicos contemporâneos insistem em afirmar que o tempo não flui: ele simplesmente é. Nossa mente trabalha com a percepção do "tempo real", na qual existe uma grande diferença entre as noções de tempo e espaço. Afirma ainda que, "o passado, o presente e o futuro são apenas ilusões, ainda que tenazes" e, por sua vez, Kardec [12], há mais de um século já afirmava: "Para Deus, o passado e o futuro são o presente".

---

[12] *A Gênese.* Mundo Maior Editora. SP. 2004.

Capítulo 10

A velhice

A "morte" é um tipo de iniciação que tem seu princípio na velhice. Todas as religiões e filosofias esforçam-se para tentar explicá-la, sendo que bem poucas têm conservado o verdadeiro caráter.

Na verdade, em nossa evolução planetária e humana, a velhice é inevitável fenômeno biológico de desgaste e atinge a todos os seres vivos, resultado do esforço mantido pelos equipamentos orgânicos para preservação de sua funcionalidade. Essa fase também chamada por *terceira idade*, representa a experiência e a sabedoria. Essas riquezas que são levadas pelo Espírito ao se desprender deste mundo de matéria mais densa. Pela mesma lei que se adentra neste mundo material, sai-se para o mundo espiritual.

Palavras preciosas são as de Léon Denis que trazem esclarecimentos neste assunto:[1] "Existe um trabalho silencioso, em princípio, oculto aos olhos humanos, que trabalha na desmaterialização do nosso corpo físico e, posteriormente, mais próximo da "morte" física, começa a se manifestar através da velhice. Verifica-se, ainda, pelas moléstias de vários tipos que atacam o corpo material num trabalho lento, por vezes des-

---

[1] *O Grande Enigma*. FEB. 1991. RJ.

percebido, ou ostensivo e rápido. Paulo de Tarso deu o nome de *dissolução*, hoje designado por *desagregação das moléculas*. Com efeito, desse complexo desgaste físico, peculiar a todos seres viventes, o Espírito acaba por chegar num limite extremo de desvitalização, entrando então em um momento crepuscular que é o limite da fronteira dos dois mundos. Nesse estado, com raras exceções, o moribundo já parcialmente desprendido do corpo material, tem visões iniciais daquele mundo que vai entrar, por vezes sem distinguir".

Por outro lado, em razão de conceito já defasado e indevido, crê-se, erroneamente, tratar-se da fase das enfermidades degenerativas, dos distúrbios emocionais, do período de sofrimento e amargura, no qual muitos passam a temer a velhice e a aproximação da "morte", como se esta não ocorresse em qualquer fase da existência. O "medo" da velhice demonstra na pessoa o seu apego material e o descuido com o espiritual, tornando-se um período cruel e tormentoso, em razão de não se considerar a existência física uma jornada de breve duração, por mais longa que seja, passando por estágios bem delineados, desde o berço até o túmulo.

Esses acontecimentos, verdadeiramente, não ocorrem somente na velhice, embora eles também tenham lugar nesse período, porquanto, em qualquer fase da vida orgânica, como na infância, na juventude e na adulta, existem enfermidades, desequilíbrios mentais e conflitos íntimos, portanto, independem da idade e resultam de outros fatores, especialmente da alimentação, saneamento, predisposição e até cármico. Pode-se assim dizer que a velhice está próxima da "morte", tanto quanto a própria juventude compartilha dela, e até mais, porquanto as enfermidades lhe são mais comuns, face à falta de resistência orgânica, a todo tipo de riscos que se colocam e às imprudências que se arrojam. A enfermidade não é patrimônio da idade, mas, sim, do ser humano em geral.

A prática de exercícios de qualquer porte, correspondente à faixa etária, alimentação bem balanceada, pensamentos edificantes, leituras enobrecedoras, atividades conforme o padrão orgânico, constituem regras excelentes para uma boa vivência na *terceira idade*.

Viver integralmente cada momento existencial, ter atividades renovadoras e espírito de fraternidade, estar envolvido com alegria e paz em todos os instantes, não carregar consciência de culpa por eventual ação menos feliz que pode ser reparada, nem dar ouvidos a tormentos de *pecado*, que não existe; a velhice tornar-se-á em conquista feliz e harmoniosa para a grande viagem que todos um dia deverão fazer. Saber envelhecer é uma arte que se aprende durante a caminhada terrestre, para ser desfrutada na caminhada eterna.

Portanto, a velhice deve ser considerada e pensada já a partir da juventude para se ter uma velhice física sólida em entendimento e crescimento espiritual, constituindo a verdadeira dádiva da vida. Assim, será o resultado de como cada qual se comportou na vivência do dia-a-dia e como foram construídos os pensamentos e as atitudes nesse percurso, os quais serão, sem qualquer dúvida, o enriquecimento ou a pobreza do Espírito e das recordações que terá nesse período.

Para aqueles que se tornaram *completistas*, expressão usada pelo Espírito André Luiz em uma de suas obras [2], significando todo aquele que desencarna na velhice, completando seu ciclo por inteiro, conquista o mérito que proporciona felicidade no despertar no Além como um vitorioso sobre a chamada "morte".

Pela pena de Divaldo Pereira Franco, Joanna de Ângelis[3] faz chegar até nós importantes instruções. "Quando jovens,

---

[2] *Missionários da Luz*. Francisco Cândido Xavier. Espírito André Luiz. Editora da Federação Espírita Brasileira. RJ. 1970.
[3] *Plenitude*. Livraria Espírita Alvorada. Editora. Salvador-BA. 1996.

transferem para a velhice o exame da "morte"; quando sadios, adiam para o período das enfermidades a mesma reflexão, acreditando-se invulneráveis ao desgaste e aos fenômenos degenerativos da matéria. À medida que o tempo transcorre, negam-se a envelhecer, utilizando-se de expedientes cirúrgicos, ginásticos, alimentares, na vã tentativa de manter a juventude que os anos arrebatam inexoravelmente. A luta para escamotear a realidade é tenaz, e, quando essa se apresenta vexatória, derrapam nas crises neuróticas, nas fugas pelos alcoólicos e outras drogas, tombando no suicídio".

Capítulo 11

Considerações biológicas da "morte"

A falência dos órgãos físicos mais densos, pelo esgotamento da vitalidade, acarreta a desagregação das moléculas dando a falsa impressão de uma "morte" total do organismo chamado carnal. Todavia, na estrutura dos átomos que fomentam as moléculas, há uma fantástica movimentação estável, demonstrando a inexistência total da "morte" como se pensa, e sim, ocorre nesse momento, transformação de campos energéticos. É, justamente, o momento em que ocorre o desprendimento do Perispírito (Corpo Espiritual) que cessa a vitalidade e as vidas inferiores, isto é, as células emancipam-se e começam a desagregar o corpo físico, até então, bem organizado. Portanto, no momento da "morte" do corpo físico, suas unidades biológicas estão mais vivas do que antes, para seguirem suas trajetórias individuais, porém morto estará como organismo.

Atesta-se que transformação é movimento e todo movimento revela vida. O cadáver não se decomporia se estivesse morto; todas as moléculas que o compõem estão vivas e lutam por sua separação, ou seja, por sua individualidade. Dessa forma, quando se ouve falar em "morte" devemos admiti-la relativamente e, como forma de transformação, porque longe estamos da realidade.

Para a Ciência Médica (como já vimos em capítulo anterior), a "morte" se dá com a cessação das funções e a falência dos órgãos do corpo físico mais denso, não interagindo qualquer outro desdobramento em outros campos energéticos, por não considerarem o "homem integral", com suas três partes principais. Evidentemente não existe, se quer, um consenso comum entre os profissionais da Medicina, tanto é verdade que alguns mais pesquisadores e de mente não ortodoxa seguem à procura de fatos novos que levariam a esclarecimentos mais aceitáveis sobre a "morte" do corpo orgânico, como por exemplo, as pesquisas e experiências nas chamadas "quase morte", nas quais o paciente já considerado clinicamente morto é "ressuscitado" com técnicas avançadas da Medicina.

Para o Mestre "Lacassague" (1906), "o corpo não morre todo ao mesmo tempo". Assim, deixando de existir o complexo e dinâmico conjunto de fenômenos bioquímicos regidos por leis fixas, que dão um equilíbrio biológico e físico-químico e os valores orgânicos constantes, ocorre a "morte" física, quando então, o corpo sofre influências de ordem física, química e microbiana do próprio meio interno (do corpo). No trânsito da vida para a "morte" do organismo há estágios de "morte" aparente, "morte" relativa e "morte" definitiva. Portanto, do ponto de vista médico, social e jurídico, ocorre "morte" cardiorespiratória, quando se verifica parada irreversível da circulação e da respiração e, "morte" encefálica, quando é irreversível a perda de todas as funções cerebrais".

Outros conceitos tão importantes quanto o de Lacassague são, por exemplo, dos cientistas:

"Simonin" (1973): "A "morte" não é uma parada total e instantânea da vida, senão um fenômeno lento e progressivo";
de França (1985): "A "morte" se produz por etapas sucessivas, em determinado espaço de tempo e, por isso, não é ela simplesmente um momento ou um instante, como defendem os

espiritualistas, mas um verdadeiro processo."; de Calabuig (1983): "Há graus de *vida* e há graus de "morte": há "morte" total e "morte" parcial, que precede sempre àquela, por estar o corpo constituído por sistemas de resistência vital diferentes. Porém, de qualquer jeito, umas partes morrem antes e outras depois; finalmente o organismo consome todas as reservas vitais e a "morte" total instaura-se nele. O corpo, neste momento, recebe o nome de cadáver"; de Glenard: "A "morte" quebra a subordinação dos órgãos, porém não destrói a vida".[1]

Não poderíamos de modo algum deixar de registrar o conceito de "morte" da nobre instrutora Joanna de Ângelis [2]: "A intuição da vida, o instinto de preservação da existência, as experiências psíquicas do passado e parapsicológicas do presente, atestam que a "morte" é um *veículo* de transferência do ser energético pensante, de uma fase ou estágio vibratório para outro, sem expressiva alteração estrutural da sua psicologia. Assim, morre-se como se vive, com os mesmos conteúdos psicológicos que são os alicerces (inconsciência) do eu racional (consciência)".

Diante do progresso na área da medicina e dessas novas ocorrências, a própria comunidade científica correu atrás de definições mais concludentes do momento exato da "morte", evitando as reincidências de inumações precipitadas que ocasionavam o "sepultamento de vivos". Já não se aceitou mais a parada cardíaca como "morte" certa, cedendo lugar a um novo conceito, o da "morte" encefálica. Por este novo conceito deu-se maior importância ao cérebro como coordenador de todas as funções corporais e o indicador do momento da "morte" e aceita, atualmente, pela comunidade científica mundial. As-

---

[1] Citado por Dr. Maurice D'Halluin. *La Mort cette Inconnue*. 2ª Ed. Paris.
[2] *Homem Integral*. Divaldo Pereira Franco. Livraria Espírita Alvorada Editora. p. 146. Salvador-BA. 2000.

sim, diagnosticada a "morte" encefálica não há mais possibilidade de retorno à vida. Entretanto, o corpo poderá ser mantido com tudo funcionando por tempo indeterminado com aparelhagens sofisticadas advindas da tecnologia médica.

A grande preocupação com o momento da "morte" não parou por aí, teve um aumento muito maior com os procedimentos de transplantes que surgiam como novas esperanças para certas síndromes incuráveis. Na obra do nobre promotor de justiça, Dr. Ricardo Barbosa Alves [3] cita que "dois médicos britânicos propuseram que pacientes doadores de órgãos fossem anestesiados antes do procedimento de retirada. Para eles, há sinais de que o organismo sente dor durante a cirurgia. A administração de analgésicos seria uma garantia de que o paciente não estaria sofrendo nada. Eis o dilema, que deságua na filosofia: se o paciente sentir dor, ele não está morto e, portanto, a retirada de órgãos representa um atentado à vida". Assim, fica a dúvida de que apesar de ter ocorrido a falência cardíaca e encefálica, ainda pode existir vida no corpo e, em conseqüência, dor.

Para efeitos científicos e legais, como foi visto, já se definiu que o momento da "morte' é o da parada total e irreversível das funções encefálicas. Cumpre-nos agora indagar se este critério merece contestação pela Doutrina Espírita. Para o advogado e escritor espírita Wladimir Lisso, "o critério de "morte" encefálica não pode ser contestado sob o ponto de vista Espírita"[4]. Idêntico parecer é de Divaldo Pereira Franco – a maior autoridade da Doutrina Espírita da atualidade – que endossa esse ponto de vista, afirmando que a "morte" encefálica representa o termo final da existência carnal, mas faz questão de acrescentar que

---

[3] *Eutanásia, Bioética e Vidas Sucessivas*. Editora Brazilian Books. Sorocaba-SP. 2001.
[4] *Doação e Transplante de Órgãos*. p. 63.

"essa não é uma opinião da Doutrina, é a minha opinião. Quando o paciente está clinicamente morto, havendo "morte" cerebral, é válido que se desliguem as máquinas"[5].

É importante destacar que a causa da "morte" nos seres orgânicos, segundo O Livro dos Espíritos [6], na questão nº 68, é "a exaustão dos órgãos e que o coração não é o único órgão em que uma lesão causa a "morte"; ele não é mais do que uma das engrenagens essenciais" (questão nº 69). Também é conveniente aduzir que "morte" – sob o aspecto clínico – e desencarnação – sob ótica espiritual – são fenômenos inter-relacionadores, mas que se verificam em planos diversos e não se operam necessariamente no mesmo momento. Essa mesma obra, na questão 155ª, deixa claro que "a alma se desprende gradualmente e não escapa como um pássaro cativo subitamente libertado. Os dois estados se tocam e se confundem, de maneira que o Espírito se desprende, pouco a pouco, dos seus liames, estes se soltam e não se rompem". E prossegue: "A observação prova que no instante da "morte" o desprendimento do Espírito não se completa subitamente: ele se opera gradualmente, com lentidão variável até mesmo antes da cessação completa da vida orgânica. É o que diz a questão 156: "Na agonia, às vezes, a alma já deixou o corpo, que nada mais tem do que vida orgânica. O homem não tem mais consciência de si mesmo, e não obstante ainda lhe resta um sopro de vida. O corpo é uma máquina que o coração põe em movimento. Ele se mantém enquanto o coração lhe fizer circular o sangue pelas veias e para isso não necessita do Espírito".

O médico André Luiz (Espírito)[7] relata que "há uma previsão relativamente exata para a desencarnação, mas que pode

---

[5] *Elucidações Espíritas*. 2ª Edição. Seja. São Gonçalo-RJ. 1992.
[6] *O Livro dos Espíritos*. Allan Kardec. Mundo Maior Editora. SP. 2000.
[7] *Sexo e Destino*. Francisco Cândido Xavier e Waldo Vieira. FEB. RJ. 5ª Edição. p. 276. 1975.

ser alterada, para mais ou para menos, de acordo com o comportamento moral do Espírito" e que "corpo inerte nem sempre significa libertação da alma".

O saudoso pesquisador e cientista Prof. Hernani Guimarães de Andrade, em retorno ao mundo espiritual, no seu livro *A Morte* [8], afirma o seguinte: "Não há "morte". O nascer e o morrer são os pontos de inflexão da gigantesca senóide biológica, que se desenvolve em alternâncias às quais ora chamamos vida, ora chamamos "morte". Viver e morrer são dois aspectos de um mesmo fenômeno: a vida".

Com a "morte" biológica, o Espírito segue sua trajetória no plano extrafísico sem que haja qualquer transformação na sua personalidade, ou seja, se desencarnarmos hoje, seremos hoje mesmo na espiritualidade, o que éramos na hora da partida, acordado ou dormindo, dependendo das energias que carregamos naquele momento. Portanto não há mudanças bruscas nem transformações radicais. Somente mudança de tempo e espaço, essa é a verdade.

Novamente fazemos uso de ensinos da veneranda Joanna de Ângelis[9] com as seguintes palavras: "Com a "morte" orgânica ocorre uma desagregação de moléculas, que prosseguem em transformação. Não, porém, o aniquilamento da vida. Desintegra-se a forma, todavia, não se dilui a essência. A modificação que se opera no mundo corporal produz o desaparecimento físico, sem embargo, permanecem os liames da afetividade, as evocações queridas, as ocorrências do quotidiano alimentadas pela vida do Espírito Imortal, que se emancipou das limitações carnais, sobrevivendo às contingências do desgaste inevitável, que se finou na disjunção material transitória".

---

[8] citado por José Serpa de Santa Maria, no livro *O Direito de Viver*. Editora Otimismo Ltda. 2001. Brasília-DF.
[9] *Leis Morais Da Vida*. Divaldo Pereira Franco. Livraria Espírita Alvorada Editora. Salvador-BA. 1976.

Continua no esclarecimento: "Triunfa a vida sempre sobre a extinção do corpo. A porta do túmulo que se fecha para determinadas expressões abre-se, em triunfo, para outras realizações da vida. O princípio que agrega as células e as organiza para o ministério da investidura humana, com o desconectar das engrenagens pelas quais se manifesta, prossegue em incessante curso de aprimoramento e ascensão, na busca da felicidade a que está destinado".

Temos de ter em mente que somente estamos de passagem na crosta terrestre com fins evolutivos do Espírito e que a "morte" biológica mais densa não se traduz em fracasso, nem nosso e tampouco da medicina, pois no momento da transição de um plano para outro, pelo nosso lado físico estão os médicos dando seu trabalho laborioso para se prolongar o máximo possível o estágio do Espírito neste nosso corpo atual, muitos, inconscientemente, laboram em atendimento aos "princípios de preservação e conservação" (estudado em capítulos anteriores); de outro lado, no mundo transcendental, outros laboriosos servidores de outro corpo, desta feita do *Perispírito*, trabalham no processo liberativo desse corpo mais rarefeito e o seu encaminhamento para ambientes compatíveis com sua roupagem fluídica, nessa nova sociedade.

Capítulo 12

Considerações psicológicas da "morte"

Não poderíamos deixar de trazer o parecer da Psicologia nestes estudos sobre a "morte" do corpo mais denso e para instruir e ilustrar nosso humilde labor nesse sentido contamos com a nobre cooperação do escritor e psicólogo clínico Enéas Martim Canhadas, que nos saboreia com as seguintes palavras: "A reflexão sobre a "morte" inicia-se pelo medo da "morte". Filósofos, pensadores e autores são unânimes em afirmar que todos os seres humanos temem, no mais íntimo do seu ser, no final de tudo, a "morte". Vejamos o que diz Aristóteles no II livro da Retórica sobre o medo. 'O medo é uma dor ou uma agitação produzida pela perspectiva de um mal futuro que seja capaz de produzir "morte" ou dor'. Aristóteles observa ainda que não se temem todos os males, mas só os que podem trazer grandes dores e destruições e mesmo estes, só no caso de não serem demasiado longínquos, mas parecerem próximos e iminentes. De fato, os homens não temem as coisas muito afastadas: todos sabem que devem morrer, mas, enquanto a "morte" não se avizinha, não se preocupam com ela. O medo igualmente diminui ou elimina-se em condições que tornam os males menos temíveis ou os fazem parecer inexistentes".[1]

---

[1] *Dicionário de Filosofia,* de Nicola Abbagnano, citado no vocábulo Emoção, Edit. Mestre Jou, atualmente editado pela Edit. Martins Fontes, São Paulo, 1970.

"Falar da "morte" enquanto reflexão é, antes de mais nada, falar do inevitável. É isto que a torna um pensamento inexorável. Provavelmente, a única fatalidade que não temos a opção de não viver. Numa entrevista[2] publicada na *Folha de S. Paulo*, o diretor do filme 'Titanic', James Cameron, respondendo sobre a realização do filme disse: 'Titanic é uma metáfora para a inevitabilidade da "morte". Todos nós estamos no Titanic'. Esta afirmação, sem dúvida, nos coloca em contato com o fato de sermos passageiros da vida. Empreendemos uma grande viagem como as pessoas passageiras no grande navio que afundou nas águas geladas do Atlântico Norte".

"O articulista da revista *"Caros Amigos"*, Hélio Alcântara, pergunta no artigo 'Perdas' escrito na revista número 12 do ano I 'Nosso destino é ser sempre derrotado pela "morte"?'. Continua ele, ainda: '... acho que a dor é mais por não compreender a perda. A pessoa existe, está presente e conosco, e, repentinamente, some, vira passado... Existe a passagem do presente para o tempo passado? Existe: é a "morte"'.

"O ser humano teme algo grave que possa lhe acontecer. Neste momento, emerge o desejo de não sofrer o mal. Não queremos sucumbir a ele. Uma estranha sensação toma conta de nós quando, pela "morte" de alguém, nos aproximamos da "morte". É o mais próximo que podemos estar dessa passagem. Perguntas inevitáveis surgem no nosso íntimo. No entanto, para nenhuma delas existem respostas objetivas. O que vai acontecer? Como será depois? São perguntas que ficam esperando as respostas até que os fatos do dia-a-dia nos mostrem de alguma forma".

"Neste momento de impotência, surge a clareza de que não é possível fazer mais do que o possível. É quando chegamos à linha divisória entre o possível e o impossível. É quando

---

[2] *Folha de São Paulo*, Caderno Ilustrada, 17/3/1998.

o imponderável cai sobre nós. Neste intervalo quase não localizável pela nossa consciência, como se fosse a entrada secreta de uma caverna, surge a consciência de Deus. O imponderável se aproxima de nós mais uma vez. Para os descrentes ou materialistas, esse imponderável ainda não se chama Deus, mas é a dúvida que surge ou pode surgir dentro do coração a dizer, que se houvesse um depois, seria bom. Mesmo para aqueles que não crêem, uma possibilidade se apresenta. Neste momento surge também a constatação de que a fé é uma força que habita dentro de nós".

J. Herculano Pires, em *"Educação para a Morte"*[3] nos traz afirmações importantes: "É necessário desenvolver-se a Educação para a "morte" que, restabelecendo a naturalidade do fenômeno dará aos homens a visão consoladora e cheia de esperanças reais da continuidade natural da vida nas dimensões espirituais e certeza dos retornos através do processo biológico da reencarnação, claramente ensinado nos próprios Evangelhos. A Educação para a Morte não é nenhuma forma de preparação religiosa para a conquista do Céu. É um processo educacional que tende a ajustar os educandos à realidade da Vida, que não consiste apenas no viver, mas também no existir e no transcender'".

"A "morte" de alguém nos coloca, a cada vez, novamente frente a essa experiência fatal. Fala-nos da inevitabilidade, mas enquanto é o outro que se vai, adiamos um pouco a experiência de passar pela "morte". O desespero talvez venha desse fato, ficar sem o outro mistura-se com o fato de ter chegado bem próximo da experiência de morrer. Parece difícil pensar que é o desespero que nos consola. Porque fica claro que teremos de

---

[3] *Educação para a Morte*. Edições Correio Fraterno, São Bernardo do Campo, SP, 1984; Psicólogo Clínico e autor do livro *Sarandi – Na Ciranda da Vida* – Mundo Maior Editora. SP. 2004.

esperar mais um pouco. É consolador porque a "morte" do outro nos representa de alguma maneira e isto nos consola, pelo menos um pouco".

"Embora Herculano Pires nos fale da educação para a "morte", acredito que, para muitos, será difícil ainda neste plano conseguir ver a "morte" com naturalidade. A iminência de uma passagem sem volta – para esta vida não será mais possível retornar – vai sempre nos colocar em desespero, pois o apagamento da nossa memória é que é responsável por não sabermos quem fomos e igualmente como será na futura condição espiritual. A experiência da "morte" seria fácil se todos já tivessem consciência das vidas pregressas e lembranças mais claras da dimensão espiritual. Haja visto que, o sono clínico produzido por uma anestesia não é tão amedrontador na medida em que sabemos que, provavelmente, iremos retornar".

"A Doutrina Espírita nos ajuda muito na experiência da passagem pela "morte", porque nos ensina a fé raciocinada que nos faz compreender que a certeza da continuidade da vida está, exatamente na necessidade de morrer para viver. Assim a fé é a própria vida. Se a fé é a firme convicção das coisas que se esperam, como nos diz o apóstolo Paulo, e é também a certeza das coisas que não podemos ver, a fé é o próprio estado de confiança. E a confiança existe porque nos pensamos vivos. Com vida".

"Não detemos a vida, a vida é que nos possui. A iminência e a inevitabilidade da "morte" é que nos traz a mais aguda consciência de que a vida não nos pertence, mas, sim, que pertencemos à vida. Viver para a experiência da "morte" que se aproxima a cada dia, nos dá a certeza de que fomos incluídos pelo Criador, na obra monumental da criação. Somos matéria reciclada de partículas minerais, vegetais, e animais, convidados que fomos a viver, a existir e a ter consciência da própria vida e de todas as coisas. Não se trata de estar vivo neste plano apenas, mas trata-se de estar vivo sempre, em todos os planos, tanto nos inferiores pelos quais já devemos ter passado, como nos superiores para onde estamos caminhando. Trata-se do túnel pelo qual temos de passar para ingressar no outro plano, assim como passamos pelo túnel do nascimento a fim de estar hoje neste plano terreno. Pela Doutrina Espírita recebemos a compreensão de que a "morte" é passagem e não fim. Que a "morte" está, desde sempre, contida na vida. E se assim é, somos sopros do Criador, somos seres Espirituais e não mortais".

"Este raciocínio nos conduz a outro pensamento que trata da naturalidade da "morte". Torna-nos mais éticos e angustiados, pois a consciência de ser Espírito nos amplia e amplia também a nossa responsabilidade. A Doutrina Espírita revoga as idéias de Céu (desconfiança de que serei ou não merecedor). Revoga também a idéia de Inferno uma vez que faz ruir as concepções das penas eternas. Assim, por sua natureza, a revelação Espírita tem duplo caráter: participa da revelação Divina e da revelação científica. Como construtora da Fé, a Doutrina Espírita procede da mesma forma que as ciências positivas, aplicando o método experimental, estuda, compreende, questiona, submete-se aos testes da realidade das experiências humanas, e pratica a consciência do conhecimento espiritual, dando-nos a conhecer o mundo invisível que nos cerca, assim como as leis que o regem, suas relações com o mundo visível, a natureza e o estado dos seres que o habitam, por conseguinte o destino do homem depois da "morte". Define a compreensão de que somos corpo, mente e espírito que se percebe Ser transcendente, isto é, a partir da consciência, vai além de si mesmo, tanto na esperança e certeza da continuidade da vida, como na prática antecipada de experiências extrafísicas, extra-sensoriais e extra-orbe terrestre".

"Evitar falar da "morte" é tentativa de onipotência, agir como se não fosse acontecer. Não passa de simples e ingênuo desejo. Atitudes de revolta, esquecer a condição humana da finitude, também não passa de desejo e imaturidade".

"Estar sujeito simplesmente à "morte", não compreendendo que ela está embutida na própria vida, e assim, não ter o que fazer: é a impotência. Limita-se a outro desejo, que é o da comodidade ou da pseudo-esperança de que o Deus Criador, tem que providenciar todo o nosso conforto e nós não somos nada. É a falta da Fé".

"A "morte" como passagem é a continuação da vida: é a potência. É o caminho do meio na sabedoria oriental. É a Fé. Enquanto possibilidade que assumo, que entrevejo no próprio desespero ou na inevitabilidade da "morte". Apenas permaneço até o dia de ir também".

"Herculano Pires, afirma (...) A dor, o sofrimento e a "morte" não têm, na concepção espírita, esse sentido delirante... Pelo contrário, tudo no Espiritismo se define como articulações do processo único e universal da evolução. (...) A "morte", sendo o limite extremo do processo existencial, liga-se a todo o processo vivencial do desenvolvimento humano".

Capítulo 13

Previsão da "morte" na legislação brasileira

Desde os tempos mais remotos, a grande preocupação do ser humano sempre foi a "morte" física e, por esse motivo, foi a quem mais se dedicaram os filósofos, cientistas e juristas, principalmente quanto ao destino após a caminhada terrestre, constituindo sempre intermináveis discussões. Nesses tempos, os focos centrais de buscas de esclarecimentos sobre esse destino eram as religiões, que teriam a incumbência de "religar" as criaturas ao seu Criador. Entretanto, sempre estiveram ligados mais aos fatos sociais e políticos que seriam atinentes ao Estado, enfraquecendo-se na tarefa de preparar seus fiéis para a grande transição, cuja realidade pouco foi feito nesse sentido, limitando-se ao terreno da fantasia e do mistério.

O renomado escritor Richard Simonetti, em um de seus livros [1], descreve claramente como as religiões tratam a "morte" física: "O cerimonial das religiões insiste ao pintar a "morte" com tintas lúgubres, fazendo nascer o terror nos espíritos. As inumações têm forma exterior que causa impressões negativas nos circunstantes. Há condicionamentos milenares que

---

[1] *Quem tem medo da morte?* Edição Lumini e Editora Astral-Bauru-SP.

levam o homem atual, a retratar a "morte" como se fora algo fúnebre, mórbido e sobrenatural. Parece que ainda não se apagou da retina da criatura humana a concepção mitológica da "morte", aquela figura de uma caveira encapuzada que, de foice em punho, pretende ceifar a vida das pessoas".

Quanto ao que cabe ao Direito, na parte de conceituação da "morte", não virá, pois, na verdade, terá de vir das ciências pertinentes a esses estudos, como a médica, biológica, fisiológica, entre outras. Entretanto, caberá dentro dos conceitos que irão surgindo a interpretação jurídica, que também evoluirá de conformidade com a evolução dos conceitos fornecidos nessas áreas científicas.

Destarte, não se procurará na área jurídica o entendimento da "morte" orgânica e tampouco as evidências dos seus sinais, mas registros de normas jurídicas quanto ao procedimento legal referente ao corpo, ao momento do óbito, do seu destino e do fim da personalidade jurídica que possuía.

Vamos a seguir descrever os registros jurídicos existentes a respeito da "morte" e dos transplantes, intimamente, ligada a ela, na Carta Magna, Código Penal, Código de Processo Penal, Código Civil e em leis esparsas, somente superficialmente e no que interessa a este estudo:

NA CONSTITUIÇÃO DA REPÚBLICA FEDERATIVA DO BRASIL

A Constituição da República Federativa do Brasil, de 5 de outubro de 1988, já no seu preâmbulo constitucional: "assegura o exercício dos direitos sociais e individuais, com a solução pacífica das controvérsias". Em seu artigo 5º diz o seguinte: "Todos são iguais perante a lei, sem distinção de qualquer natureza, garantido-se aos brasileiros e aos estrangeiros residentes no País a inviolabilidade do direito à <u>vida</u>..." (nosso grifo);

– inciso XLVII, letra "a": não haverá pena de *"morte"*... (idem)

NO CÓDIGO PENAL

Art. 100 – A ação penal é pública, salvo quando a lei expressamente a declara privativa do ofendido.

§ 4º – No caso de *"morte"* do ofendido ou de ter sido declarado ausente por decisão judicial, o direito de oferecer queixa ou de prosseguir na ação passa ao cônjuge, ascendente, descendente ou irmão.

Art. 107. Extingue-se a punibilidade:
I – pela *"morte"* do agente (...)

Homicídio
Art. 121 – *Matar* alguém: Pena – reclusão de seis a vinte anos.

Infanticídio
Art. 123 – *Matar*, sob a influência do estado puerperal, o próprio filho, durante o parto ou logo após:
Pena – detenção de dois a seis anos.

Lesão Corporal Seguida de "Morte"
Art. 129 § 3º – Se resulta *"morte"* e as circunstâncias evidenciam que o agente não quis o resultado, nem assumiu o risco de produzi-lo:
Pena – reclusão, de quatro a doze anos.

Abandono de Incapaz
Art. 133 § 2º – Se resulta a *"morte"*:
Pena – reclusão. De quatro a doze anos.

Exposição ou Abandono de Recém-nascido
Art. 134 § 2º – Se resulta a *"morte"*:
Pena – detenção, de dois a seis anos.

Omissão de Socorro
Art. 135 § único – A pena é aumentada de metade, se da omissão resulta lesão corporal de natureza grave, e triplicada, se resulta a *"morte"*:

Maus Tratos
Art. 136 § 2º – Se resulta a *"morte"*:
Pena – reclusão, de quatro a doze anos.

Rixa
Art. 137 § único – Se ocorre *"morte"*, aplica-se, pelo fato da participação na rixa, a pena de detenção, de seis meses a dois anos.

Roubo
Art. 157 § 3º – Se resulta *"morte"*, a reclusão é de vinte a trinta anos, sem prejuízo da multa.

Extorsão Mediante Seqüestro
Art. 159 § 3º – Se resulta *"morte"*:
Pena – reclusão, de vinte e quatro a trinta anos.

Formas Qualificadas no Concurso de Rapto
Art. 223 – Se do fato resulta *"morte"*:
Pena – reclusão, de doze a vinte e cinco anos.

Formas Qualificadas de Crime de Perigo Comum
Art. 258 – Se do crime doloso de perigo comum... resulta *"morte"*, (a pena) é aplicada em dobro.

Arremesso de Projétil

Art. 264 – § único – Se do fato resulta *"morte"*, a pena é a do art. 121 $ 3º (detenção de um a três anos), aumentada de um terço.

Epidemia

Art. 267 § 1º – Se do fato resulta *"morte"*, a pena é aplicada em dobro.

§ 2º – No caso de culpa, ... se resulta *"morte"*, (detenção) de dois a quatro anos.

NO CÓDIGO DE PROCESSO PENAL

O procedimento penal, mesmo com a "morte" física da parte envolvida em alguma ação processual, é amparada de conformidade com os artigos 24 e 31 que dizem o seguinte: "No caso de *"morte"* do ofendido... o direito de representação, de queixa ou até de revisão (art. 623), passará ao cônjuge, ascendente, descendente ou irmão".

Por outro lado, quando no caso de *"morte"* do acusado (art. 62), o juiz à vista da certidão de óbito, e depois de ouvido o Ministério Público, declarará extinta a punibilidade, ou seja, quando trata-se de ser o ofendido em algum litígio, a lei o ampara através dos seus parentes; quando trata-se no caso como acusado, fica extinta, obviamente, a pena por já não existir mais a personalidade viva na carne, entretanto, o *de cujus* [2] levará impregnado em seu espírito os seus erros praticados contra seu próximo.

NO CÓDIGO CIVIL

Art. 4º. A personalidade civil do homem começa do nascimento com vida; mas a lei põe a salvo desde a concepção os direitos do nascituro.

---

[2] falecido.

Art. 10. A existência da pessoa natural termina com a "*morte*".

Art. 11. Se dois ou mais indivíduos falecerem na mesma ocasião, não se podendo averiguar se algum dos comorientes precedeu aos outros, presumir-se-ão simultaneamente mortos.

Art. 315. A sociedade conjugal termina:
I – Pela "*morte*" de um dos cônjuges... ver art. 2º da Lei do Divórcio. Nº 6515/77.

Art. 392. Extingue-se o pátrio poder:
I – Pela "*morte*" dos pais ou do filho...

NA LEI DE ACIDENTES DO TRABALHO

Art. 86. Em todo caso em que, de um acidente do trabalho, resultar a "*morte*" do empregado, ou em que a um acidente do trabalho for ela atribuída, dever-se-á proceder a autópsia, que poderá ser ordenada pela autoridade judiciária ou policial, por sua própria iniciativa, a pedido de qualquer das partes, ou do médico assistente da vítima.

NO DECRETO FEDERAL Nº 19.398, de 11.11.1930.

Art. 16. É vedado ao médico... atestar o óbito de pessoa a quem não tenha prestado assistência médica.

NO CÓDIGO DE ÉTICA MÉDICA

Art. 114. É vedado ao médico atestar óbito quando não tenha verificado pessoalmente, ou quando não tenha prestado assistência ao paciente, salvo no último caso, se o fizer como plantonista, médico substituto, ou em caso de necropsia e verificação médico-legal.

Art. 115. É vedado ao médico deixar de atestar óbito de paciente ao qual vinha prestando assistência, exceto quando houver indícios de "morte" violenta.

O caso mais relevante na seara jurídica sobre a "morte" é o conhecimento do tempo em que se deu, fato esse muito complexo, tanto é verdade que o próprio legislador penal, no art. 162 deste código, assim registrou: "A autópsia será feita pelo menos seis horas depois do óbito, salvo se os peritos, pela evidência dos sinais de "morte", julgarem que possa ser feita antes daquele prazo, o que declararão no auto. No parágrafo único desse artigo diz ainda: "Nos casos de "morte" violenta, bastará o simples exame externo do cadáver, quando não houve infração penal a apurar, ou quando as lesões externas permitirem precisar a causa da "morte" (...), ou seja, tendo o máximo cuidado de não se abrir um corpo ainda com vida".

Quanto aos transplantes, em 1997, mais precisamente no dia 4 de fevereiro, entrou em vigor a Lei 9434 que "dispõe sobre a remoção de órgãos, tecidos e partes do corpo humano para fins de transplante e tratamento e dá outras providências" [3] que também não entra no mérito de diagnosticar a "morte", delegando para o Conselho Federal de Medicina tal procedimento, sendo que este, por sua vez, baixou a Resolução CFM nº 1480/97 com normas e critérios para diagnosticar a "morte".

Assim, fica demonstrado que as Leis Jurídicas Humanas amparam, indiretamente, o Espírito reencarnante, desde a concepção até o desencarne, protegendo ao máximo sua caminhada terrestre.

O médico psiquiatra, Dr. Sérgio Felipe de Oliveira, pesquisador e cientista do Espírito, fundador da UNIESPÍRITO, já mencionado linhas atrás, afirma que a área jurídica está à frente da médica, quanto ao reconhecimento do Espírito, em razão de que nos casos de gêmeos univitelinos, reconhece dois Espíritos diferentes, dando a cada um dos gêmeos uma personalidade, um RG. (registro geral) e um CPF. (cadastro de pessoa física).

---

[3] Código Penal. Editora Revista dos Tribunais. SP. 1999.

TERCEIRA PARTE
ESCLARECIMENTOS ESPÍRITAS SOBRE A "MORTE"

Capítulo 1

A realidade da "morte" (visão espírita)

Como enfatizou Jesus que não veio destruir a Lei e os Profetas, mas dar cumprimento a elas, Allan Kardec, Codificador da Doutrina Espírita, identicamente, não veio revogar as Leis procedentes de Deus, mas, sim, trazer luz sobre elas.

E com todas revelações que já houve até os dias atuais, com períodos distanciados uma das outras, pela necessidade imperativa de aguardar o tempo apropriado ao grau de adiantamento dos Homens, sempre envolvendo o escopo de trazer novas informações educativas e evolutivas. Nesse quadro, temos hoje novos entendimentos sobre a "morte".

Como é de conhecimento geral, as Leis Mosaicas e as Leis Cristãs, num período de aproximadamente 6.000 mil anos entre ambas, não conseguiram impor à Humanidade as Leis Imutáveis de Deus e, tampouco, o conhecimento das Verdades Evangélicas sobre elas, pois os cristãos somam-se em apenas um terço (dois bilhões), enquanto que os hebreus uma parte ínfima perante os mais de seis bilhões de encarnados, havendo ainda grandes divergências e conflitos entre eles e até entre os próprios cristãos, atrasando a evolução do planeta.

O que tem acarretado, até então, essa dificuldade de compreensão é o grau evolutivo diferenciado que existe entre as individualidades, levando-as a se agruparem em conformidade com suas afinidades de entendimento por se ajustarem melhor. Foi justamente em decorrência de todas essas dificuldades evolutivas que o Cristo de Deus advertiu que havia ainda muitas coisas a serem reveladas, mas que não suportaríamos receber naquela época. Entretanto, prometeu que enviaria um Outro Consolador, o Espírito de Verdade, que haveria de lembrar a tudo que havia dito e ensinaria todas outras coisas mais.

    E, assim, chegou-se ao século XIX, período de transformações e renovações gigantescas no campo político, social, econômico, científico e religioso, oferecendo condições propícias para a nova semeadura prometida, pois o campo estava já fértil para aceitação e propagação.

    Assim, aproximou-se o momento de vir à Terra um novo emissário do Cristo, um Espírito de escol que reencarnava na cidade de Lyon, na França, em 3 de outubro de 1804, há 200 anos, e foi registrado com o nome Hippolyte Léon Dinizard Rivail. Teve a missão de codificar a Terceira Revelação, o Cristianismo Redivivo, que lhe deu o nome de *Espiritismo*, ficando conhecida por Doutrina Espírita ou Doutrina dos Espíritos.

    Realmente concretizou-se a promessa do Cristo, pois em 18 de abril de 1857, Allan Kardec, pseudônimo que veio a usar, lança o primeiro livro da nova doutrina, *O Livro dos Espíritos*, obra filosófica advinda, mediunicamente, por milhares de mensagens de Espíritos Superiores, assim, o Outro Consolador se implantava entre nós.

    Se a Lei do Antigo Testamento está personalizada em Moisés, a do Novo Testamento em Cristo, o Espiritismo, que é a Terceira Revelação, não está personalizado em ninguém humano, pois é produto dos ensinamentos advindos dos Espíritos trabalhadores de Deus, chamados por *As Vozes do Céu*, que está sendo revelada em toda parte da Terra e para todas as crenças.

Portanto, a Doutrina Espírita é a GRANDE REFORMA que vem ocorrendo na Humanidade e chamada por Jesus de *Tempos Chegados*, que está sendo intermediário entre o *mundo velho*, que é o mundo de provas e expiações, e o *mundo novo*, que é o de regeneração, que ainda se deve conquistar com as práticas dessas revelações, que não deixa de ser o Cristianismo Redivivo.

Não esperamos que o Espiritismo venha a ser mais uma Religião, nem tampouco que será a primeira Religião entre outras, nem que as demais irão desaparecer, mas com toda certeza veio como reformadora de todas elas que sem trocarem os seus nomes irão, pouco a pouco, como sempre ocorreu, aderindo e praticando as idéias Espíritas. Entre essas idéias está a realidade sobre a chamada "morte" que não existe, foi sim criado um mistério ou um fantasma sobre ela para aterrorizar o ser humano e atrelá-lo aos dogmas religiosos e à própria Igreja. O Espiritismo veio desmistificar a "morte" e esta verdade vai levar o Homem a ter a total responsabilidade de seus atos, pois não terá a suposta "morte" para encobrir seus atos maléficos. Portanto, com entendimento da não-extinção da vida pela desagregação do corpo orgânico mais denso, saberá que carregará sempre as responsabilidades das condutas contra seu irmão e contra a Natureza.

Com o advento da Doutrina dos Espíritos, na sua tríade "Filosofia, Ciência e Religião", teve sua inauguração ou sua revelação, na oportunidade em que o Mestre Divino se apresentou com o Perispírito aos discípulos, no qual sobrepujava os estigmas do seu sofrimento e, Tomé, um dos doze discípulos, quis tocar nas feridas para crer, culminando com a Ciência Experimental que trouxe a razão dos fatos.

Essa ciência nova veio revelar aos Homens, por meio de provas irrecusáveis, a existência e a natureza do plano espiritual e suas relações com o plano de nossa matéria mais grosseira. Demonstra racionalmente essa relação entre os dois planos no nosso mundo Terra, não mais como algo fantasioso ou sobrenatural, mas, ao contrário, como fatos e ocorrências da própria natureza evolutiva da vida eterna. Com essa revelação veio junto o esclarecimento de toda uma gama de fenômenos que não apresentavam explicações, até então, pois, hoje se demonstra que se tratam de fatos lógicos e racionais que desconhecíamos. Portanto, hoje, o Espiritismo é a chave da porta de tudo que era considerado pela Igreja como "mistérios".

As descobertas científicas já não estão mais vinculadas unicamente nos cinco sentidos que possuímos, porém, agora atingindo onde a nossa visão não penetra, onde nosso ouvido não alcança e o nosso tato não sente, que somente são atingidos por um dos instrumentos mais sofisticados, a mediunidade.

O interessante é que todos têm ciência que se nasce para a existência terrestre e se morre para esta existência. Só que a grande maioria não quer nem pensar nesta realidade, enganando a si mesmo, até quando a velhice se aproxima, ocasião em que se perturbará com a idéia da "morte", associando-se a conflitos, fobias e traumas, unicamente por tentar fugir de uma realidade natural e que deveria ser aguardada com a maior naturalidade e por uma expectativa de uma vivência futura mais feliz e sem sofrimento.

Essa Doutrina Consoladora veio transformar completamente a hipótese de uma vida futura, na mais pura realidade da continuação da existência presente, e esse fato é certificado para nós pelos próprios habitantes desse plano espiritual. Aquele que tiver o conhecimento dos ensinos contidos nas obras básicas do Espiritismo[1], com toda certeza, encarará a "morte" do

---

[1] *O Livro dos Espíritos, O Livro dos Médiuns, O Evangelho Segundo o Espiritismo, O Céu e o Inferno* e *A Gênese*.

corpo físico mais denso com a maior serenidade, pois já venceu a "morte".

Essa certeza nasce com o Espiritismo por meio das provas indiscutíveis que apresenta da sobrevivência do Espírito e desse mundo paralelo. A confiança e a alegria renascem por descobrir que a vida terrena é apenas uma curta passagem que conduz a uma vida muito melhor.

Esse mecanismo está vinculado à fé raciocinada no porvir que cultivou durante a caminhada terrestre e leva ao desprendimento do Espírito em razão do enfraquecer dos laços que o prende ao corpo material grosseiro. Porém, todo aquele que, ao contrário, concentra todo seu pensamento e toda sua conduta vinculada somente às coisas materiais, esses laços serão mais resistentes ao desprendimento do Espírito, quando no momento da desvinculação entre eles.

Processa-se no indivíduo, em cada etapa reencarnatória, a aquisição de mais recursos e meios que viabiliza a realização de cometimentos mais amplos e mais expressivos. Essa é a rota evolutiva do ser humano e, indubitavelmente, o despertar para vida espiritual ou o nascer para a Luz são o somatório de todas essas experiências acumuladas ao longo dos milênios existenciais.

Visto por este prisma, pode-se afirmar que não existem dois processos desencarnatórios iguais, pelo fato de que as existências apresentam, sempre, detalhes e aspectos diferentes entre si.

O Espírito, herdeiro de seu passado, ao reencarnar, imprime suas marcas morais em seu corpo físico, e adicionado às condutas desta existência, levará a tipificar a sua desencarnação. Estes atos vão comandar o desprendimento do Espírito da sua vestimenta corporal. Os sensuais, os apegados à vida material, os que nutriam sentimentos perturbadores encontrarão sérias dificuldades no desatamento dos laços perispirituais do seu corpo somático.

Somente para elucidar, vamos fazer uma comparação entre o sono físico e a "morte". No caso do sono físico, quando o Espírito não se retira parcialmente do aparelho físico denso, sofre os reflexos das sensações vivenciadas durante o dia e, em conseqüência, terá pesadelos durante esse repouso e despertará cansado. O mesmo ocorre quando do despertar pós-sepulcro, o Espírito não preparado para a seqüência da vida eterna sofre os reflexos da vivência carnal, perturbando-o no plano espiritual.

No entanto, existe o outro lado, onde estão localizados os que viveram a renúncia, a generosidade e entregaram-se à prática da caridade, ocasionando o desencharcar dos fluidos pesados da vida material, libertando-se com rapidez dos despojos carnais e tomando, com lucidez, as rédeas de seus atos e pensamentos, agora no plano espiritual.

Por outro lado, a Doutrina Espírita que vem trazer a reforma e renovação das religiões que irão influenciar diretamente a Humanidade, apresentando propostas evidentemente coerentes e demonstrando, razão e justiça, sem fugir ou distorcer os ensinos primitivos do Velho e Novo Testamento. Portanto, não somente admite a sobrevivência do Espírito após a falência dos órgãos físicos, como também desmistifica locais absolutos e eternos para os Espíritos, após o desencarne, como um céu, um purgatório e um inferno, entendendo nessas expressões, locais onde convivem por determinação de suas afinidades energéticas, adquiridas nas inúmeras existências evolutivas nos dois planos, espiritual e material.

Esses planos fazem parte de ciclos de vivências com o fim de depurar os Espíritos, das mazelas e paixões que imantaram em si e, em conseqüência, somando virtudes que irão trazer luz a ele. Portanto, todas as dívidas adquiridas nesses percursos com outros idênticos caminheiros terão de ser resgatadas e reparadas, nesta seara bendita que é a Terra e em reencarnações sucessivas para tanto, para que possa seguir a caminhada rumo ao Criador. Se assim não fosse, não haveria oportunidade do arrependimento e do reparo, considerando que o ser humano está sujeito a erros em razão de sua inferioridade. Por isso se diz: "errar é humano".

Certamente, o Espírito carregará consigo os erros e acertos para a espiritualidade e terá as conseqüências respectivas, conquistando o plano merecedor com outros da mesma afinidade. Nesse parâmetro, vai se encontrar acordado ou não, oportunidade que, em qualquer dos casos, estará memorizando suas condutas praticadas, para um futuro designo de equilíbrio e reajuste. Aqui na Terra sobressai a hierarquia dos poderes e na espiritualidade, a hierarquia moral.

O Espiritismo consagrou-se como doutrina eminentemente consoladora, em parte pela visão muito mais animadora e racional do fenômeno de transição deste plano para outro, transformação esta conhecida como "morte" e que, lamentavelmente, foi cercada de visão sinistra e aterrorizante, em especial, sobre a influência do dogmatismo.

Ensina Allan Kardec [2]: "A "morte" não inspira ao justo nenhum temor. Mas, que queres! Se procuram persuadi-las, quando crianças, de que há um inferno e um paraíso, o mais certo é irem para o inferno, visto que também lhes disseram que o que está na natureza constitui pecado mortal para a alma! Sucede então que, tornadas adultas, essas pessoas, se algum juízo têm, não podem admitir tal coisa e se fazem atéias ou materialistas. São assim levadas a crer que, além da vida presente, nada mais há. Quanto aos que persistiram nas suas crenças da infância, temem aquele fogo eterno que os queimará sem os consumir".

---

[2] *O Céu e o Inferno*. Federação Espírita Brasileira. 25ª Edição. RJ. 1944.

Diz ainda: "Ao justo nenhum temor inspira a "morte", porque, com a fé, tem ele a certeza do futuro. A esperança fá-lo contar com uma vida melhor, e a caridade, a cuja lei obedece, lhe dá a segurança de que, no mundo para onde terá de ir, nenhum ser encontrará cujo olhar lhe seja de temer. É natural que, pelo instinto de preservação, o homem negue inconscientemente a "morte", mas o estudo espírita demonstra que ela é "uma volta para casa". "A Doutrina Espírita não sendo uma obra de imaginação mais ou menos arquitetada engenhosamente, porém, o resultado da observação de fatos materiais que se desdobram hoje à nossa vista, congraçará, como já está acontecendo, as opiniões divergentes ou flutuantes e trará gradualmente, pela força das coisas, a unidade de crenças sobre esse ponto, não já baseada em simples hipótese, mas na certeza. A unificação feita relativamente à sorte futura das almas será o primeiro ponto de contacto dos diversos cultos, um passo imenso para a tolerância religiosa em primeiro lugar e, mais tarde, a completa fusão".

Quando se fala em mundo material e mundo espiritual é somente no sentido de se demonstrar a seqüência que existe para o Espírito Eterno, em sua caminhada progressista, entre planos diferentes de vivências. Entretanto, não são dois mundos, mas um único mundo, a do planeta Terra. Na verdade, o que existe são dois campos vibratórios diferentes. O campo vibratório mais grosseiro pertencente a crosta terrestre, que se percorre com o corpo chamado de carne, no qual essas energias grosseiras se encontram condensadas e que se traduz em ser muito pesado e de grandes dificuldades de locomoção e, o campo vibratório mais rarefeito, mas também material, em que se faz uso do corpo espiritual (Perispírito), que condiz como um corpo mais sutil em suas energias.

Essas palavras são, também, palavras de Divaldo Pereira Franco, que assim se manifestou em uma entrevista: [3] "Vive-

---

[3] Entrevista na Revista *O Mensageiro. On-Line*. Internet. 2003.

mos em duas dimensões: uma material e outra espiritual. A ciência explica esta dinâmica? Sim, por que não? Existe uma ponte para que não haja dois mundos. É um mundo só em dois campos vibratórios".

O Espiritismo, podemos dizer, é dualista, por abranger o plano físico e o extrafísico. Portanto, o Espírita tem condições de viver as duas vidas, ou melhor, viver nos dois planos: o material e o espiritual, simultaneamente, em virtude dos seus aprimoramentos intelectuais e morais. Segundo estatísticas a Doutrina Espírita é a única no Brasil que possui 98% de praticantes alfabetizados e estes estão em uma média de 35 anos de idade, ou seja, seguidores jovens com mentalidades abertas e não lhes atingindo as influências dos ensinos dogmatizados. [4]

A seguir, temos a honra de registrar ensinos do escritor alemão, Günther Rombach, [5] que com suas pesquisas científicas inundam nossos íntimos de compreensão e luz a respeito de nosso tema. Diz ele: "O plano mais denso de nosso ambiente, inclusive o corpo orgânico que fazemos uso, é articulado por átomos, os quais são plasmados e comandados por intermédio dos chamados *psi-átomos* da espiritualidade, confirmando que este plano, se originou do plano invisível. Em outras expressões, pode-se dizer que se trata da matéria e, da já descoberta científica, antimatéria (átomos com cargas elétricas contrária). No entanto, essa antimatéria não deixa também de ser matéria, mas muito mais rarefeita e não atingida pela potência dos nossos órgãos visuais, mesmo com uso de instrumentos óticos de alta tecnologia. Em Genebra, no Centro Europeu de Pesquisa Nuclear já foram produzidos átomos de antimatéria, entre eles, átomos de anti-hidrogênio e átomos

---

[4] *Diário de São Paulo*. 18.7.04.
[5] Do livro: *Alemão Materialista Tornou-se Espírita*. Editora Opinião Ltda. SP. 1ª Edição. 1999.

de antielétrons, que passaram a ser chamados por *pósitons*, portanto, comprovando o plano extrafísico".

Somente para se ter uma idéia, Günther afirma que: "Há necessidade de centenas de bilhões de átomos para representar um pequeno objeto identificável, pelos nossos sentidos, aqui na nossa matéria mais grosseira. É a energia e a massa, que na realidade, se equivalem".

Portanto, o que a Medicina ainda chama de "morte" orgânica não deixa de ser uma desagregação atômica, que ocorre por findar um ciclo evolutivo neste plano, limitado pela vitalidade que tal corpo possuía, donde o Espírito, agregado de energias subatômicas, desprende-se e continua sua vida, sem interrupção para ele, com sua personalidade, com sua cultura e com sua individualidade, num plano compatível com as energias conquistadas nesta última caminhada terrestre. Não mais se discute que a vida continua, mas, sim, que a Vida é Eterna.

Capítulo 2

Desencarnação: o que é e como ocorre?

A Doutrina Espírita tem como base a *reencarnação* e, conseqüentemente, a *desencarnação*. A primeira reporta-se ao nosso renascimento (do Espírito) na carne, enquanto que a segunda à "morte" dela. Assim, a "morte" não significa necessariamente *desencarnação*, pois "morte" significa cessação biológica do homem, do animal e do vegetal, isto é, término natural do ciclo físico.

A *desencarnação*, na verdade, é um fenômeno de libertação do Espírito do encarceramento do corpo somático, facultando a si mesmo liberdade de ação e de consciência, retornando ao seu estado real, num mundo que é seu próprio do qual estava temporariamente distanciado, para o cumprimento de um estágio de reequilíbrio e progresso.

Tanto é verdade que existe o fato de alguns Espíritos começarem o processo de *desencarnação*, antes mesmo de morrer biologicamente, como nos casos dos Espíritos de elevado poder moral, citando como exemplo os seguidores do Cristianismo primitivo que, ao serem jogados aos leões e tigres famintos, cantavam para delírio de Nero que não conseguia entender a proeza deles. Ou ainda, os que estão com moléstias degenerativas que determinam naturalmente certo desprendimento do Espírito.

De um modo geral pode-se dizer que essa "morte" biológica começa pelas extremidades. O moribundo apresenta sempre os pés e as mãos frias, tendo como causa a diminuição circulatória do sangue, pelo enfraquecer das batidas cardíacas. Desse estado geral, as funções orgânicas perdem as forças e vai ter início a putrefação orgânica até atingir o coração e o cérebro. Quando, por fim, se desatam os últimos cordões fluídicos que se prendiam nesses dois órgãos, ocorrendo a "morte" cerebral e a parada cardíaca. É a falência total dos órgãos.

Durante todo esse processo entre o lado físico e o espiritual, muitos não sabem que, enquanto aqui usa-se todos os recursos para manter-se vivo o paciente, aplicando massagens cardíacas, choques elétricos, aplicações de adrenalina intracardíaca, entre outras tentativas, que são trabalhos louváveis, atendendo o princípio de preservação e conservação que carregamos; do outro lado, Espíritos socorristas agem ao contrário, tentando romper os laços fluídicos que ainda ligam à matéria, para liberação definitiva do Espírito.

A respeito desses momentos de transição do Espírito, desta sociedade material para a espiritual, trazemos esclarecedores ensinos do nobre professor e mestre em pedagogia, Waldo Lima do Valle, [1] o qual denominou os Espíritos que trabalham junto aos moribundos de "Técnicos da Morte", com as seguintes palavras: "São Espíritos esclarecidos que realizam esse trabalho bastante especializado. Trata-se de operações complexas, visando facilitar o desprendimento do espírito pelo desate dos laços que o prendem ao corpo físico. Esse trabalho requer rigorosa preparação em instituições existentes nos Planos Espirituais. Seu papel junto aos agonizantes é importantíssimo e,

---

[1] *Morrer. E Depois?* A União Editora. p. 144. João Pessoa -PB. 1997.

quase sempre, anônimo, em ordem à liberação suave e tranqüila de todos os que atingiram o 'tempo de morrer'. Por ocasião da aproximação desse 'tempo', os 'técnicos da morte' deslocam-se até o nosso mundo em autênticas missões de amor. Via de regra, eles permanecem ao lado dos que estão morrendo, assistindo-os em todas as fases do processo de libertação do Espírito".

"Dos processos que utilizam para facilitar a partida do Espírito, fazem parte até melhoras fictícias que eles infundem no estado geral dos agonizantes. Então, os familiares mais inconformados afastam-se da proximidade dos leitos, deixando-os mais à vontade para agir. Sua missão só termina, quando eles deixam os espíritos liberados e em segurança nas Esferas Espirituais compatíveis com o seu grau de evolução, situando-os em Postos de Socorro ou em hospitais educandários ligados às cidades espirituais que, no futuro, vão acolher esses Espíritos. Essas operações dos 'técnicos da morte' consistem, fundamentalmente, em retirar, aos poucos, o espírito e o seu corpo astral do indumento de carne".

"Ora, como é sabido, o corpo perispiritual possui sete centros de força, ou *chakras*, três dos quais ligados diretamente ao processo liberatório do Espírito. São eles: o centro vegetativo, ou '*chakra* do umbigo', correspondente, no organismo físico, ao plexo solar; o centro emocional ou '*chakra* do coração', sede dos desejos e sentimentos e, por último, o centro coronário, também denominado de '*chakra* da coroa', localizado no topo da cabeça. É daí que parte o 'cordão prateado', liame fluídico que liga o cérebro do corpo espiritual ao do corpo de carne".

"Os 'técnicos da morte' iniciam o processo de liberação pelo *chakra* ligado ao ventre, ou seja, o '*chakra* do umbigo'. Dessa primeira operação, resulta o enrijecimento e esfriamento dos membros inferiores do corpo carnal. A seguir, através de operações magnéticas no tórax, eles atingem o centro emocional ou o '*chakra* do coração', ocasionando intensa arritmia cardíaca, precursora do estado comatoso do agonizante (...)".

"Para familiares e amigos, entretanto, está consumado o desenlace. Para os 'Parcas' modernos resta, ainda, desatar o laço final que une cérebro a cérebro. Este, todavia, somente é rompido após um determinado período de tempo, que varia de Espírito para Espírito, consoante o estado evolutivo de cada um e o tipo de "morte" envolvido".

"Nesse momento de trânsito, em que o Espírito ainda não está totalmente desvinculado do veículo físico, é que ocorre o fenômeno da visão panorâmica de toda a vida que ele está deixando, desde a mais tenra idade até o último dia consciente. Deve-se este fenômeno ao registro minucioso feito pelo corpo perispiritual de todos os acontecimentos vividos pelo ser humano em cada uma de suas existências. Nada deixa de ser fixado pelo envoltório sutil da alma, e é, graças a essa transcrição minuciosa, que podemos, aqui mesmo, em nosso mundo e, mais tarde, na Vida Espiritual, lembrarmos de todas as nossas existências pregressas".

Diz ainda: "A "morte" é muito mais lastimosa para os que ficam, pela dor da saudade que sentem quando há verdadeiro amor pelos que partiram. Nascer é aprisionar-se nos planos de matéria densa. Morrer é libertar-se e penetrar nos planos mais sutis da alma".

Podemos acrescentar a estas lições que, quando do tempo chegado para o desenlace, o ser humano, simultaneamente, participa de duas existências, a saber: a da carne que se encerra e a do Espírito que recomeça, fato esse que ocorre, geralmente, nas "mortes" naturais, quando, então, o Espírito entrevê uma duplicidade de corpos. São momentos em que fica mais liberto do que preso ao corpo orgânico. Entretanto, ninguém estará sozinho nesse instante de transição, tanto no nascimento corporal físico, desde da presença de uma simples "parteira caseira" ao atendimento complexo de uma maternidade entre os mais renomados especialistas, bem como, parentes e amigos, por ocasião do desprendimento do Espírito, de um protetor e até de parentes e amigos que os antecederam na desencarnação.

Em contrapartida, há os que não recebem tal recepção nesse momento de trânsito entre os dois mundos, entre eles os que se prenderam em paixões, vícios e crimes no transcurso da caminhada terrena. Pode-se também encartar nessas situações os que se apegam somente aos gozos materiais como os únicos da existência, não se admitindo nunca em pensar na ""morte" do corpo orgânico mais denso". Desencarnado nesta situação não dará condições de presenciar qualquer Espírito que lhe venha em socorro, por estar fechado em si mesmo, nada presenciando ao seu redor.

O processo ocorre em razão do condicionamento efetivado durante todo o percurso na crosta densa da Terra e pela negação persistente e absurda da sobrevivência do Espírito.

Pela lógica das vidas sucessivas, que já se acumulam há milênios, o Espírito armazenou no inconsciente as incontáveis experiências que, certamente, trará lembranças delas, principalmente, com a aproximação da partida deste plano mais denso, donde surgem as angústias e os desesperos por não sentirem o amparo neste momento importante.

Nesse sentido também podemos citar os casos de suicídios, em que mesmo destroçando o corpo físico denso, a "morte" esperada não acontece e as aflições produzidas por mãos próprias, prolongam, dolorosamente, essa transição forçada e contra a natureza, por não se esgotar a vitalidade no corpo atual da morada do Espírito. Em capítulo específico falaremos sobre o suicídio.

Desses fatos concluímos com Gêmison Ribeiro [2] que afirma: "Nem todos os que morrem desencarnam", entendendo-

---

[2] *Revista Internacional de Espiritismo*. Dez/1999.

se que o corpo material pode ter falecido, mas muitas vezes, o Espírito ainda continua preso à matéria densa por um bom tempo.

Não poderíamos deixar de registrar neste capítulo os ensinos clássicos do insigne Léon Denis [3] que assim relata: "A separação é quase sempre lenta, e o desprendimento da alma opera-se gradualmente. Começa, algumas vezes, muito tempo antes da "morte", e só se completa, quando ficam rotos os últimos laços fluídicos que unem o perispírito ao corpo".

"A hora da separação é cruel para o Espírito que só acredita no nada. Agarra-se como desesperado a esta vida que lhe foge; no supremo momento insinua-se-lhe a dúvida; vê um mundo temível abrir-se para abismá-lo, e quer, então, retardar a queda. Daí, uma luta terrível entre a matéria, que se esvai, e a alma, que teima em reter o corpo miserável. Algumas vezes, ela fica presa até a decomposição completa, sentida até mesmo, segundo até a expressão de um Espírito, "os vermes lhe corroerem as carnes". Pacífica, resignada, alegre mesmo, é a "morte" do justo, a partida da alma que, tendo muito lutado e sofrido, deixa a Terra confiante no futuro. Para esta, a "morte" é a liberdade, o fim das provas. Os laços enfraquecidos que a ligam à matéria destacam-se docemente; sua perturbação não passa de leve entorpecimento, algo semelhante ao sono".

"Deixando sua residência corpórea, o Espírito, purificado pela dor e pelo sofrimento, vê sua existência passada recuar, afastar-se pouco a pouco com seus amargores e ilusões. O Espírito acha-se, então, como que suspenso entre duas sensações: a das coisas materiais que se apagam e a da vida nova que se lhe desenha à frente. Após, expande-se a luz, não mais a luz solar que nos é conhecida, porém uma luz espiritual, radiante, por toda parte disseminada".

---

[3] *Depois da Morte*. FEB. 17ª Ed. Cap. XXX. p. 201/204. Brasília-DF. 1991.

"A entrada em uma vida nova traz impressões tão variadas quanto o permite a posição moral dos Espíritos. Aqueles – e o número é grande – cujas existências se desenrolaram indecisas, sem faltas graves nem méritos assinalados, acham-se, a princípio, mergulhados em um estado de torpor, em um acabrunhamento profundo; depois, um choque vem sacudir-lhes o ser".

"Em geral, o desprendimento da alma é menos penoso depois de uma longa moléstia, pois o efeito desta é desligar, pouco a pouco, os laços carnais. As "mortes" súbitas, violentas, sobrevindo quando a vida orgânica está em sua plenitude, produzem sobre a alma um despedaçamento doloroso e lançam-na em prolongada perturbação".

"O conhecimento do futuro espiritual, o estudo das leis que presidem à desencarnação são de grande importância como preparativos à "morte". Podem suavizar os nossos últimos momentos e proporcionar-nos fácil desprendimento, permitindo mais depressa nos reconhecermos no mundo novo que se nos desvenda".

CARACTERÍSTICAS GERAIS DA DESENCARNAÇÃO

a) a desencarnação pode ser prematura ou de um *completista*;

b) o despertar do Espírito pode ser mediata ou imediata (o primeiro caso, em nossa evolução, é o mais comum, ou seja, pode durar horas, dias, meses, anos ou até séculos);

c) a perturbação após o desencarne não é idêntica para todos e assemelha-se ao sair de uma anestesia geral;

d) a duração e o grau da perturbação varia de acordo com a evolução: para o depurado é quase imediata, pela razão de já ter se desprendido da matéria; para o materialista é mais prolongada, porque a consciência não é pura e está presa na matéria;

e) o conhecimento do Espiritismo pode exercer influência sobre a duração maior ou menor da perturbação;

f) ocorrem relances de passagens da existência na matéria;
g) há possibilidade de lembranças de vidas pretéritas.

Léon Denis[4] simplifica e compara bem esse momento, com estas palavras: "Se o olhar humano não pode passar bruscamente da escuridão à luz viva, sucede o mesmo com a alma. A "morte" faz-nos entrar num estado transitório, espécie de prolongamento da vida física e prelúdio da vida espiritual. É o estado de perturbação de que falamos, estado mais ou menos prolongado segundo a natureza espessa ou etérea do perispírito do defunto".

---

[4] *O Problema do Ser, do Destino e da Dor*. FEB. RJ. 1919.

Capítulo 3

Como proceder diante da "morte"?

    Seja qual for a crença que se professa devemos sempre ter conduta de respeito com o Espírito que findou seu curso na crosta terrestre e partiu para o plano espiritual, onde os pensamentos de parentes e amigos muito irão contribuir com seu despertar nessa nova existência, bem como, com a tristeza dos parentes pela falta daquele que partiu. A seguir, transcreveremos trecho referente a este assunto, do livro *Conduta Espírita*[1]:

    "Resignar-se ante a desencarnação inesperada do parente ou do amigo, vendo nisso a manifestação da Sábia Vontade que nos comanda os destinos. Maior resignação, maior prova de confiança e entendimento";

    "Dispensar aparatos, pompas e encenações nos funerais de pessoas pelas quais se responsabilize, abolir o uso de velas e coroas, crepes e imagens, e conferir ao cadáver o tempo preciso de preparação para o enterramento ou a cremação. Nem todo Espírito se desliga prontamente do corpo";

    "Emitir para os companheiros desencarnados, sem exceção, pensamentos de respeito, paz e carinho seja qual for a sua condição. A caridade é dever para todo clima";

---

[1] Waldo Vieira. André Luiz. Federação Espírita Brasileira. RJ. 1971.

"Proceder corretamente nos velórios, calando anedotário e galhofa em torno da pessoa desencarnada, tanto quanto cochichos impróprios ao pé do corpo inerte. O companheiro recém-desencarnado pede, sem palavras, a caridade da prece ou do silêncio que o ajudem a refazer-se";

"Desterrar de si quaisquer conversações ociosas, tratos comerciais ou comentários impróprios nos enterros a que comparecer. A solenidade mortuária é ato de respeito e dignidade humana";

"Transformar o culto da saudade, comumente expresso no oferecimento de coroas e flores, em donativos às instituições assistenciais, sem espírito sectário, fazendo o mesmo nas comemorações e homenagens a desencarnados, sejam elas pessoais ou gerais. A saudade somente constrói quando associada ao labor do bem";

"Ajuizar detidamente as questões referentes a testamentos, resoluções e votos, antes da desencarnação, para não experimentar choques prováveis, ante inesperada incompreensão de parentes e companheiros";

"Aproveitar a oportunidade do sepultamento para orar, ou discorrer sem afetação, quando chamado a isso, sobre a imortalidade da alma e sobre o valor da existência humana. A "morte" exprime realidade quase totalmente incompreendida na Terra".

Capítulo 4

Como se dá a transição após a "morte"?

"Morte" é cessação da vida orgânica; desencarnação é a libertação do Espírito imortal em transição de mudança de plano. Diz Kardec: "Não é a partida do Espírito que causa a "morte" do corpo; este é que determina a partida do Espírito".[1] Porém, este nem sempre está em condições de fazê-lo, neste caso, a "morte" biológica acontece, mas o Espírito não se desprende, não se liberta, fica preso ao corpo físico, sofrendo uma perturbação mais intensa".

Quanto mais depurado das energias negativas esteja o Espírito, mais fácil se torna o seu desligamento gradual, porque "os laços se soltam, não se rompem".[2] O princípio vital é o "interruptor da vida", idêntico à eletricidade que carrega nossas baterias. Ao ser desligado daquele, a vida se esvai e sobrevém a "morte" ("morte" natural), que se dá por esgotamento dele, ou, embora com sua presença, por falência orgânica súbita ("morte" violenta), ficando ele impotente para transmitir o movimento da vida.

---

[1] *A Gênese*. FEB. 16ª Edição. Cap. XI. p. 215. RJ. 1973.
[2] O Livro dos Espíritos. Allan Kardec. Mundo Maior Editora. nº 155a. SP. 2000.

Como exemplo, podemos citar que as ligações com os centros vitais, varia de acordo com cada ser e do uso feito pelo órgão correspondente. Assim, quem usou desregradamente o sexo ou praticou aborto terá dificuldades para o desligamento do centro vital com o órgão genésico correspondente; quem foi tabagista inveterado igualmente terá fortes ligações fluídico-magnéticas com o centro cardíaco, a retardar o processo desencarnatório, e daí por diante.

Com a indagação e resposta da questão nº 148, do livro *O Consolador*[3], Emmanuel traz grande instrução para nossa compreensão desse momento: "– Que espera o homem desencarnado, diretamente, nos seus primeiros tempos da vida além-túmulo?" "A alma desencarnada procura naturalmente as atividades que lhe eram prediletas nos círculos da vida material, obedecendo aos laços afins, tal qual se verifica nas sociedades do vosso mundo". Vamos fazer uma comparação entre as duas sociedades, a material e a espiritual. Na primeira existem associações, grêmios, classes, que se unem para determinados fins, sempre com princípio individual. Na segunda, o Espírito ao carregar em si suas tendências vai à procura de suas afinidades e interesses que carregou da primeira sociedade, ali se filiando.

Daí a necessidade de encararmos todas as nossas atividades no mundo como a tarefa de preparação para a vida espiritual, sendo indispensável à nossa felicidade, além do sepulcro, que tenhamos um coração sempre puro. Nessas condições poderá encontrar, imediatamente, aqueles que foram objeto de sua afeição no mundo, na hipótese de se encontrarem no mesmo nível de evolução. Portanto, a "morte" não apresenta perturbações à consciência reta e ao coração amante da verdade e do amor dos que viveram na Terra tão-somente para o cultivo da prática do bem, nas suas variadas formas e dentro das mais diversas crenças.

---

[3] Francisco Cândido Xavier. Espírito Emmanuel. Editora da FEB. RJ.

Capítulo 5

O espírito e seus corpos

A Doutrina dos Espíritos revela-nos que o Espírito não cessa de evoluir, no máximo o que poderá ocorrer é no sentido de ficar, em certas circunstâncias, estacionado por um período, mas, em geral, evolui sempre em todos planos de vivência. Para conquistar essa evolução se faz necessário o uso de um corpo compatível com o plano energético em que será seu hábitat para esse fim. É assim que o Espírito hoje aqui encarnado, obrigatoriamente, reveste-se de um corpo físico da natureza de energias, das mais densas do nosso planeta. Já quando se transferir para os planos espirituais, também, obrigatoriamente, fará uso de outros corpos compatíveis com a evolução de cada plano, até que um dia, o Espírito estará completamente desvinculado deles ou desmaterializado, quando então terá atingido um outro ciclo evolutivo, o que somente podemos designar, até o momento, por Luz.

Assim, a seguir, vamos registrar uma síntese de estudos sobre esses corpos, daquilo que mais profundamente conseguimos pesquisar, com outros ilustres pesquisadores e cientistas.

CORPO FÍSICO

Corpo Físico é qualquer substância material, orgânica ou inorgânica. A Matéria, definida como o que tem extensão, o que é impenetrável e o que provoca impressão sobre os órgãos sensitivos, segundo o ponto de vista do que se conhece aqui na Terra, mas a Matéria existe em estados que são ainda desconhecidos para a maioria. Entretanto, para alguns cientistas físicos, a Matéria existe em estado tão sutil e etéreo que não provoca nenhuma impressão sobre os sentidos físicos. No entanto, não deixa de ser Matéria[1]. São modificações que os átomos e as moléculas elementares sofrem, tendo como base o "fluido cósmico universal".

Por outro lado, o Espírito, criado simples e ignorante de todas as coisas, necessita de corpos para se manifestar e conquistar evolução e progresso. Quando encarnado, e desencarnado, utiliza-se de corpos manipulados pelas energias do próprio plano onde irá fazer sua caminhada. Assim, o Espírito que está vinculado ao nosso planeta Terra reencarnará num corpo material formado de substâncias químicas e físicas extraídas deste mundo, como exemplo, constatamos que o nosso organismo é constituído de vários minerais que são encontrados, identicamente, nas composições rochosas. Já esse corpo não conseguiria vivência normal na Lua, em Marte, ou em qualquer outro planeta diferente da constituição do nosso.

Destarte, o corpo é o instrumento que o Espírito faz uso para atuar nos diversos mundos materiais, enquadrando-se o nosso, como um dos possuidores de energias mais grosseiras.

Cada um de nós, uma individualidade, é um Espírito, e para seu progresso e evolução, utiliza-se de vários corpos, e cada qual atua em um campo ou plano específico; sendo que, encarnado, se utiliza de todos os corpos, e desencarnado, não utiliza o corpo físico e o etérico que o acompanha, como vamos ver.

Cada um dos corpos seria o equipamento apropriado para a vivência local, tal qual aqui no plano físico: usa-se traje es-

---

[1] *Revista Galileu.* Outubro/1998. Por Arthur Fisher.

pacial em viagem interplanetária, escafandro no fundo do mar e trajes à prova de fogo no incêndio. Todos os corpos devem ser compreendidos como organismos. Cada um utilizado na sua evolução e plano vibratório compatível, porém, não necessariamente com formas, aparências e funções idênticas ao Corpo Físico.

Esse corpo denso é o produto ideoplástico do Espírito, pois, este, ao reencarnar, transmite para o ovo gerado pela fecundação, em conseqüência ao embrião e ao feto; o que carrega de energias conquistadas nas suas caminhadas pretéritas, positivas ou negativas.

CORPO ETÉRICO

Toda parte sólida, líquida ou gasosa do nosso corpo físico, de uso aqui na Terra, está imantada por um invólucro etérico, denominado por Corpo Etéreo ou Duplo Etérico. Como bem indica o nome, trata-se da reprodução fiel do corpo denso, tendo como composição várias matérias etéricas em proporções que variam, enormemente, dependendo de sua evolução, entrando os fatores atávicos e cármicos.

É formado com a encarnação do Espírito e não possui existência própria, como o Perispírito, e nem inteligência. É um corpo vaporoso e com o desencarne do Espírito, desintegra-se, podendo ser rápido ou muito lento, dependendo da evolução espiritual e dos fatos que levaram ao desencarne. Aos videntes, fornece informações preciosas quanto ao estado de saúde física e a evolução espiritual[2].

De suas funções essenciais, destaca-se a de absorver a Vitalidade para toda região do Corpo Físico e, a outra não menos importante, servir de intermediário entre o Corpo Físico e o Perispírito (Corpo Astral ou Corpo Espiritual), transmitindo a

---

[2] *Duplo Etérico*. Major Arthur E. Powell. Editora Pensamento. SP.

este, os contatos sensoriais físicos que, por sua vez, transmitem ao Perispírito.

Como é veículo da Vitalidade ao corpo físico, não pode separar-se dessas partículas densas que transmitem as correntes vitais, sem ocasionar prejuízo à saúde. Tanto é verdade que o afastamento dele do corpo denso provoca neste certa redução nas funções vitais, ocasionando queda na temperatura. Quanto mais a pessoa gozar de saúde, mais difícil a separação do Duplo Etérico do corpo material grosseiro. Fato que a Doutrina Espírita confirma que o melhor desencarne é com o corpo físico atingindo a velhice ou através de enfermidade prolongada que aos poucos vai esgotando a Vitalidade. Já, por outro lado, o desencarne de pessoa sadia, em conseqüência de acidente, suicídio ou homicídio, essa energia não desgastada prenderá o Perispírito, no ambiente material até o esgotamento total da Vitalidade.

Em conclusão ao capítulo "Duplo Etérico", na suntuosa obra do ilustre professor e magistrado, Dr. Zulmino Zimmermann[3], em pesquisa ímpar, nos afirma o seguinte: "É o grande aglutinador de energia vital e sustenta o corpo físico sob o influxo das forças oriundas do corpo espiritual, mostrando inúmeros pontos, dos quais emana a energia vital" (...) "o duplo etérico só existe em função da sustentação perispirítica".

Outros registros importantes que atestam essa realidade estão contidos nos ensinamentos do eminente pesquisador Ernesto Bozzano [4]: "Quando uma pessoa morre em estado de grande pureza, não arrasta consigo nada do princípio de vitalidade nervosa" e, por outro lado, André Luiz[5] diz que: "O Duplo

---

[3] *Perispírito*. Zulmino Zimmermann. Ed.CEAK. Campinas. SP. 2000. p. 194.
[4] *Metapsíquica Humana*. Ernesto Bozzano. FEB. RJ. 1980. 3ª ed. p. 132.
[5] Nos Domínios da Mediunidade. Francisco Cândido Xavier. Editora da FEB. Cap. XI. RJ.

Etérico é formado por emanações neuropsíquicas que pertencem ao campo fisiológico".

Nas manifestações mediúnicas, há necessidade do desprendimento parcial do Duplo Etérico, para que ocorram os vários tipos de comunicações, principalmente, o *desdobramento*, tanto consciente como inconsciente. Desse modo, para concretizar esses contatos, dependerá unicamente da separação dessa matéria etérica do Perispírito. Sabiamente o escritor Luiz Gonzaga Pinheiro[6] coloca com propriedade o seguinte: "Sabe-se hoje que o magnetismo, o passe, a hipnose, a anestesia, os acidentes e o transe mediúnico podem afastar parcialmente o Duplo Etérico, quando este, apesar da ação retentora da matéria, pode seguir o Perispírito, com o qual se assemelha a natureza etérica".

Em virtude da estreita ligação entre o corpo denso e o etérico, uma lesão sofrida no primeiro é transmitida pelo segundo ao Perispírito, que também ficará lesionado. Exemplo foi o demonstrado na aparição de Jesus a Tomé, mostrando suas chagas. Por outro lado, será o intermediário na reencarnação, quando da *infiltração* das lesões do Perispírito ao nascituro. A esses fatos é dado o nome de *repercussão*.

CORPO ESPIRITUAL (PERISPÍRITO)

A gênese do Perispírito remonta ao plano evolutivo do "princípio inteligente", desde as suas primeiras manifestações nos três reinos: mineral, vegetal e animal.

Também chamado por Corpo Astral, entre inúmeras outras denominações (ver o livro *Criminologia Genética Espiritual* do próprio autor) é constituído de uma matéria mais sutil que a nossa, extraída de substâncias energéticas específicas do

---

[6] *Perispírito e Suas Modelações*. Luiz Gonzaga Pinheiro. Ed. EME. Capivari – SP.2000.

nosso planeta e, atua após o desencarne, em outro estado vibratório que varia de mundo para mundo.

É indestrutível, mas é susceptível de receber lesões e até mutilações, quando então, sofre perdas de substâncias próprias, chegando muitas vezes, a assumir deformações e formas animalescas, por ser supersensível ao estado moral do Espírito. É indicador do estágio evolutivo do Espírito, gênese patológica das mais variadas enfermidades que são drenadas para o corpo físico e ápice dos chamados "fenômenos e milagres"[6].

É ainda "o registro vivo em que se imprimem as imagens e lembranças, sensações, impressões e fatos, ficando tudo gravado. Sendo sutil ou grosseiro, radiante ou obscuro, representa fielmente nosso valor exato e a soma de nossas aquisições, representados pelos nossos pensamentos e atos, de nossa vontade, de todos os sentidos e naturezas, criando em si mesmo, o bem ou mal, a alegria ou o sofrimento, visível para todos na Espiritualidade, fatos esses, que dia a dia, lentamente, edificam o destino de cada um. Assim, as ações e práticas, os pensamentos e sentimentos reagem diretamente sobre esse Corpo Fluídico, tornando-o mais denso e sombrio se os atos forem maléficos, ou, mais etérico e luminoso, se forem benéficos"[7].

O ser humano, na situação de encarnado, fica vinculado ao seu corpo físico, mas mantém contato com o mundo espiritual por intermédio do Corpo Espiritual (Perispírito), constituído, segundo Joanna de Ângelis[8], por camadas concêntricas de matéria hiperfísica (concentração de matéria mais rarefeita), policromas (várias cores), de volume e diâmetro variáveis, transpondo o abismo que separa o mundo visível dos mundos invisíveis, estabelecendo a ponte que vai da matéria terrestre, tangível, dominada pelos nossos limitados sentidos

---

[7] *Da Alma Humana*. Antonio Freire. FEB. RJ.
[8] *O Homem Integral*, LEAL Editora, Salvador-BA, 2000.

físicos, à matéria intangível, fluídica, que pertence ao domínio espiritual (ou extrafísico), só visível aos nossos sentidos pela mediunidade. [8]

A anestesia [3] é o produto químico descoberto que tem a potencialidade de dar a insensibilidade ao corpo físico, em razão do bloqueio que provoca nas energias nervosas e na ação do Perispírito, ou seja, este se desprende com parte do Duplo Etérico. Em outros casos, como o precário estado de saúde ou sobre excitações nervosas, podem também determinar a separação, quase completa, dele, quando poderá ocorrer ainda, a Letargia e a Catalepsia, conhecidas por "morte aparente". [3]

Palavras elucidativas nos traz o Espírito de André Luiz [9]: "Para definirmos o Corpo Espiritual é preciso considerar que ele não é reflexo do Corpo Físico, na realidade, é o Corpo Físico que o reflete, tanto quanto ele próprio, o Corpo Espiritual, retrata em si o Corpo Mental que lhe preside a formação". Continua ainda: "O Corpo Espiritual possui sua estrutura eletromagnética, algo modificado no que tange aos fenômenos genésicos e nutritivos, de acordo com as aquisições da mente que o maneja, de formação sutil, urdida em recursos dinâmicos, extremamente poroso e plástico, em cuja tessitura as células, noutra faixa vibratória, à face do sistema de permuta visceralmente renovado, se distribuem mais ou menos à feição das partículas colóides, com a respectiva carga elétrica, comportando-se no espaço segundo a sua condição específica, e apresentando estados morfológicos conforme o campo mental a que se ajusta".

Em síntese, é o agente de todas as manifestações da vida, tanto na Terra, para o Homem, quanto na Espiritualidade, para o Espírito. Na sua estrutura localizam-se os distúrbios nervosos que se transferem para o campo biológico e que procedem

---

[9] *Evolução Em Dois Mundos*. Francisco Cândido Xavier. FEB. RJ. Ano 2000.

dos compromissos negativos das reencarnações passadas. Igualmente responde pelas doenças congênitas e das tendências que o Espírito carrega em razão das distonias morais que conduz de uma vida para outra vida. Assim, trata-se de um organismo vivo e pulsante, sendo constituído por trilhões de corpos unicelulares rarefeitos, muito sensível, que imprime nas suas intricadas peças as atividades morais do Espírito, assinalando-as nos órgãos correspondentes quando faz futuras reencarnações.

Em confronto com nosso mundo material, possui as seguintes propriedades: penetrabilidade, imponderabilidade, invisibilidade, indestrutibilidade e individualidade.

CORPO MENTAL
Denominação dada pelo médico e pesquisador francês, Hyppolite Baraduc, quando, através de suas pesquisas com máquina fotográfica sensível, teria conseguido isolar e fotografar uma estrutura luminosa que envolvia o cérebro da pessoa fotografada, ficando a dúvida se realmente tratava-se desse corpo ou do corpo espiritual ou até da aura espiritual[7].

A respeito disso, Allan Kardec não se pronunciou, entretanto, o Espírito de André Luiz, por vezes, em suas obras, manifesta-se a respeito, com as seguintes palavras: "O corpo mental é o envoltório sutil da mente e que, por agora, não podemos definir com mais amplitude de conceituação, além daquela com que tem sido apresentado pelos pesquisadores encarnados, e isto por falta de terminologia adequada no dicionário terrestre"[9].

O consagrado médium e tribuno, Divaldo Pereira Franco, no livro *Mediunidade – Encontro com Divaldo* – [10] fala a respeito do Corpo Mental, no qual afirma que "outras doutri-

---

[10] *Mediunidade – Encontro Com Divaldo* –Editora Mundo Maior. SP. 2000.

nas, como o Budismo, a Teosofia, o Esoterismo, estabeleceram que teríamos sete corpos superpostos ao Espírito, entretanto, Allan Kardec optou por uma tríade, por ser mais compacta, mais complexa, mas não podemos negar que exista o chamado Corpo Mental, que está naturalmente aderido ao Perispírito".

O que se pode entender, até então, tendo em vista que estes estudos somente poderão ser alcançados com a evolução do homem, que o Corpo Mental, também chamado de "Corpo Causal", seria a essência da formação do Corpo Espiritual, como este, o modelo organizador do Corpo Físico. Tem a propriedade de transformar as imagens, impressões, lembranças e sensações, advindas do Perispírito, em percepções mentais e transmiti-las ao Espírito. É o veículo do pensamento e faz desenvolver os poderes da memória. Por fim, tem a função de assimilar as mais sublimes experiências de nossas vidas e acumular as "causas" do futuro num suposto "cofre espiritual", que Jesus referiu-se aos "tesouros" que deveriam ser juntados "no céu, onde nem a traça nem a ferrugem consomem, e onde os ladrões não minam e nem roubam" (Mat.6:20)

Por fim, vamos descrever os ensinamentos do escritor Durval Ciamponi, contidos no livro *Perispírito e Corpo Mental* [11]: "Tanto o Corpo Mental como o Corpo Espiritual participam da natureza do Perispírito, como envoltórios do princípio inteligente" (...) "o Corpo Mental é a parte imperecível do Perispírito, pois acompanha o princípio inteligente qualquer que seja seu grau de evolução, desde a criação simples e ignorante, até o nível dos puros; mas o Corpo Espiritual é a parte perecível, porque o Espírito pode privar-se dele ao trocá-lo, ainda que com a rapidez de um relâmpago, e porque sua substância

---

[11] *Perispírito e Corpo Mental*. Durval Ciamponi. Editora FEESP – SP. 1999. p. 95 e 104.

é haurida do meio ambiente, conforme a natureza do mundo em que vai viver".

Por derradeiro, dentro do estudo que hoje podemos ter conhecimento, o Ser Individual é composto de Espírito e de corpos, ou de veículos, usados para sua manifestação nos diferentes planos de vivência, corpos ou veículos esses, que apresentam graus de densidades diferenciados, assim compreendidos: o Corpo Físico (o mais denso) constitui-se em sólido, líquido, gasoso (ou gases); o Corpo Espiritual (o menos denso) em etérico e superetérico e o Corpo Mental em atômico e subatômico.

Obs. do autor: Publicado integralmente este capítulo no *site* – www.feal.com.br – colunistas – em 23.8.2002 e 4.10.2002.

Capítulo 6

O porque das "mortes" coletivas

As grandes comoções que ocorrem na nossa sociedade material trazem sempre enormes indagações e dúvidas por parte de pessoas que, ainda, não adquiriram conhecimentos das verdades evangélicas a respeito da Lei de Causa e Efeito e das vidas sucessivas. Segundo, ainda, ensinamentos Evangélicos: "Não cai uma só folha da árvore sem que Deus saiba" e, com toda certeza, as "mortes coletivas" não foram obras do acaso; mas, sim, todas estavam cadastradas nos anais da espiritualidade para participarem dessas desencarnações coletivas.

Muitos desses fatos são conseqüências de Leis Naturais, ou juridicamente chamadas de "casos fortuitos", como maremotos, terremotos, erupções de vulcões, etc., porém, outros ocorrem por acidentes ou desastres, que são provocados pelo próprio Homem, como, por exemplo, acidentes aéreos, marítimos, ferroviários e, hoje em dia, até por ato terrorista. Ora, esses fatos acontecem sem serem provocados por Deus, mas, em ambos tipos de ocorrências, há a influência do ser humano, direta ou indiretamente. No primeiro caso, apesar de ser um fato natural, físico, corrobora a influência inferior da Humanidade. No segundo caso, pela imprudência do próprio Homem.

Essas ocorrências, chamadas catastróficas, que ocorrem em grupos de pessoas, em família inteira, em toda uma cidade ou até em uma nação, não são *determinismo* de Deus, em conseqüência das infringências de Suas Leis, o que tornaria assim, em *fatalismo*. Não. Na realidade são determinismos assumidos na espiritualidade, pelos próprios Espíritos, antes de reencarnar, com o propósito de resgatar velhos débitos e conquistar uma maior ascensão espiritual. O Espírito André Luiz, no livro *Ação e Reação*[1], afirma esses fatos: "Nós mesmos é que criamos o *carma* e este gera o determinismo"

São ações praticadas no pretérito longínquo, muito graves, e por várias encarnações vamos adiando a expiação necessária e imprescindível para retirada dessa *carga* do Espírito, com o fim de galgar vôos mais altos. Assim, chega o momento para muitos, por não haver mais condições de protelar tal decisão, e terão de colocar a termo a etapa final da redenção pretendida perante as Leis Divinas. Dessa complexidade de fatos é que geram as chamadas "mortes coletivas".

Os Espíritos Superiores possuem todo conhecimento prévio desses fatos supervenientes, tendo em vista as próprias determinações assumidas pelos Espíritos emaranhados na teia de suas construções infelizes. Aí providenciam equipes de socorros altamente treinadas para a assistência a esses Espíritos os quais darão entrada no plano espiritual. Mesmo que o desencarne coletivo ocorra identicamente para todos, a situação dos traumas e do despertar dependerá, individualmente, da evolução de cada um. Estes fatos, mais uma vez André Luiz confirma:[1] "Se os desastres são os mesmos para todos, a "morte" é diferente para cada um".

Assim, a Providência Divina, com sua pré-ciência, apare-

---

[1] Francisco Cândido Xavier. Editora da Federação Espírita Brasileira. RJ. 1956.

lha circunstâncias de hora, dia e local, para congregar aqueles que assumiram tais resgates aflitivos, e, por outro lado, os que não vão fazer parte desse processo coletivo, por um motivo ou outro, não estarão presentes.

No livro *Tempo de Transição*, do escritor Juvanir Borges de Souza[2], tiramos os seguintes ensinamentos referentes a este assunto: "(...) O mesmo princípio aplicável a cada indivíduo estende-se às coletividades; uma família, uma nação ou uma raça formam as individualidades coletivas: "(...) entidades coletivas contraem responsabilidades agindo como individualidades coletivas, respondendo por seus atos e pelas conseqüências deles: "(...) as expiações coletivas são os resgates de ações anteriores praticadas em conjunto pelo grupo envolvido: "(...) os grupos se reúnem na Terra para tarefas ou missões comuns, assim com são reunidos, para purgar faltas cometidas em conjunto, solidariamente, assim, o inocente de hoje pode estar respondendo por seus atos de ontem: "(...) a Providência Divina tem meios e formas para determinar os reencontros, o reinício das tarefas, os resgates, tanto no plano individual quanto no coletivo, em processos complexos que nos escapam à percepção".

Em seguida, o preclaro escritor traz exemplos significativos, lembrando da escravatura negra no Brasil que, durante três séculos, foi uma instituição oficial, uma mancha social, da qual resultam efeitos morais e espirituais até em nossos dias. Recorda ainda, a Guerra do Paraguai, onde esse país, de menores recursos humanos e materiais, arcou com sofrimentos e dificuldades pesadas. Entretanto, passados mais de um século desse triste acontecimento, os governos uniram-se em tratado de honra e os dois povos construíram a maior usina hidroelétrica do mundo, que proporciona enorme progresso às populações de ambos países, com considerável vantagem para o Paraguai,

---

[2] Editora Federação Espírita Brasileira. Brasília-DF. 2ª edição. 1988.

uma vez que o empreendimento foi custeado na sua quase totalidade pelo povo brasileiro. Entende-se como uma espécie de ressarcimento de débito do passado, sob a forma de compreensão, cooperação e realizações positivas e justas.

Existem, ainda, "mortes coletivas", provenientes de seguidores de pessoas com alto grau de persuasão, mas de baixo senso moral, que conseguem anular sentimentos e raciocínios de pessoas despreparadas e com tendência ao materialismo, inculcando ensinamentos de *salvação* através de atos externos, apregoando os suicídios coletivos. Mais uma vez, recorremos das palavras sábias do escritor Amilcar Del Chiaro Filho:[3] "Quando a pessoa se fanatiza por alguma coisa, especialmente pelas idéias religiosas, o desequilíbrio se apresenta, e o que é distorcido, desatinado, parece reto, equilibrado. Existe alguma relação com obsessores? Sim, existe. Espíritos obsessores se aproveitam das disposições dos encarnados para dominar-lhes a mente e impor-lhes a própria vontade".

Transcrevemos ainda, palavras do Prof. Waldo Lima de Valle, retiradas do seu livro, *Morrer. E Depois!*:[4] "Mortes coletivas são provações muito dolorosas para os que ficam e também para os que partem, mas integram programas redentores do Espírito endividado perante a Lei e condição para que possam usufruir, merecidamente, as glórias da Vida Eterna (...) a dor coletiva corrige falhas mútuas, dos que partem e, também, dos que ficam".

O Meigo Nazareno, como não poderia deixar de ser, ensina em suas "Boas Novas" a respeito dessas vítimas: "Pensais que esses galileus eram mais pecadores do que todos os outros galileus, por terem padecido estas cousas? Não eram, eu vo-lo afirmo: se, porém, não vos arrependerdes, todos igualmente

---

[3] *Tirando Dúvidas*. Editora Mundo Maior. SP. 2001.
[4] Editora União. João Pessoa. PB. 1997.

perecereis. Ou cuidais que aqueles dezoito, sobre os quais desabou a torre de Siloé e os matou, eram mais culpados que todos os outros habitantes de Jerusalém? Não eram, eu vo-lo afirmo; mas, se não vos arrependerdes, todos igualmente perecereis".[5] Isso significa que os que padecem desse drama no desencarne não são mais culpados do que outros, também habitantes deste planeta ainda inferior, pois carregamos todas dívidas e imperfeições de Espíritos que faz jus reencarnar aqui na Terra. O que precisa é o *arrepender* que Jesus ensina, ou seja, não mais praticarmos o mal contra nosso irmão, e praticarmos sim, a caridade para compensar o mal já efetivado em vidas passadas, para termos oportunidade de escaparmos dessas aparentes tragédias.

Para encerrarmos este assunto, completamos com outra parábola de Jesus que demonstra materialmente essa verdade: "Certo homem tinha uma figueira plantada na sua vinha e, vindo procurar fruto nela, não achou. Pelo que disse ao viticultor: Há três anos venho procurar fruto nesta figueira, e não acho; pode cortá-la; para que está ela ainda ocupando inutilmente a terra? Ele, porém, respondeu: Senhor, deixa-a ainda este ano, até que eu escave ao redor dela e lhe ponha estrume. Se vier dar fruto, bem está; se não, mandarás cortá-la".[6] Fica assim comprovado que Deus espera de nós os frutos que devemos dar pela oportunidade da reencarnação, no sentido de melhorarmos moral e espiritualmente, para não termos que expiarmos, drasticamente, nossas faltas pretéritas.

---

[5] *Lucas 13.1-5.*
[6] *Lucas 13.6-9.*

Capítulo 7

A perturbação psicológica depois da "morte"

Com o avanço da idade, com raríssimas exceções, o corpo começa a debilitar-se e o Espírito a desprender-se dele, ocasião em que o raciocínio já não é o mesmo de quando estava em plena saúde física e mental. Ao se aproximar mais e mais do desencarne, as faculdades mentais também vão se distanciando da realidade material. Pensamentos mais longe, percepções ambientais mais distantes e por ocasião do desenlace corporal, o Espírito perde a consciência de si mesmo e entra em um estado denominado *perturbação*, de sorte que jamais testemunha o último suspiro do seu corpo. Identicamente acontece com o renascimento na carne, o Espírito não tem consciência desse momento, por encontrar ainda em um corpo físico inadequado para tal raciocínio.

Léon Denis[1] explica: "Esse período de transição e o percurso no túnel da "morte" são absolutamente necessários, em preparo da visão de luz que deve suceder à obscuridade. É preciso que o sentido psíquico se vá adaptando, proporcionalmente, ao novo foco que vai esclarecer. Uma passagem súbita, sem

---

[1] *O Grande Enigma*. FEB. RJ. 1991.

transição nenhuma desta vida à outra, seria um deslumbramento que produziria perturbação prolongada".

Mesmo estando livre do fardo material que oprimia e delimitava o Espírito, este ainda fica envolvido na rede dos pensamentos e das imagens que possuía até os últimos instantes da vida física; como as preocupações, as paixões e emoções geradas no curso da vida terrestre, quando, então, terá de entrar no conhecimento de seu novo estado e familiarizar com o seu novo corpo, agora mais sutil e com maior percepção, pois terá muito mais que os cinco sentidos do corpo material.

A *perturbação* pós-desencarne nunca é idêntica para todos e assemelha-se ao mesmo que sair de uma anestesia geral, sentido-se fora do tempo e espaço, atordoado e sonolento, ou seja, desperta-se aos poucos e muito confuso, por vezes, não sabendo onde se encontra; levando-se ainda em conta o tipo de desencarne que teve e se foi prematuro ou completista[2]. O retorno da consciência do Espírito pode ser imediata, em raríssimos casos, ou o mais comum na evolução que atravessamos atualmente na Terra, mediata, após algumas horas, dias, meses e até anos, podendo em casos muito graves, séculos. (Termo utilizado na esfera espiritual para designar os Espíritos que, durante a reencarnação, completaram as tarefas assumidas antes do reencarne).

O que também pode levar à *perturbação* do Espírito no mundo extracorporal são os desencarnes chamados de *tragédias*, por exemplo, acidentes com veículos terrestres e aéreos, incêndios, afogamentos, terremotos, etc., pois nesses casos os Espíritos são surpreendidos, em pleno vigor orgânico, pela "morte" do corpo físico, ocorrendo a *perturbação* espiritual, por não entender o que está se passando com ele. Outro fato

---

[2] *Missionários da Luz*. Francisco Cândido Xavier. Espírito André Luiz. FEB. RJ. 8ª Edição. p. 169. 1970.

que leva à *perturbação* é o do Espírito despertar e reconhecer que veio a prejudicar alguém quando encarnado, fazendo nascer o remorso, deixando-o com a "idéia fixa" nesse erro, desequilibrando-o. Outros exemplos de *perturbação* espiritual são os provocados pelos próprios encarnados, a saber: quando falece um ente querido ou uma criança não se resigna, não aceita, esse acontecimento, torna-se pessoa revoltada e sempre chorando tal "morte". Essa conduta traduz no campo vibratório, em energias desequilibradas, levando angústias ao desencarnado que poderá sofrer o que o encarnado está sofrendo. Sem deixar de falar os mais graves, como o ódio, a rixa, as grandes rivalidades existentes entre encarnados e desencarnados que são "torpedos" de energias arremessadas em ambas direções.

Em outras palavras podemos dizer que a duração e o grau da perturbação varia de acordo com a evolução de cada Espírito. Para o já depurado, o despertar é quase imediato, por ter conquistado em sua caminhada terrestre o desprendimento das coisas materiais; para o materialista é muito mais prolongado o despertar em razão de ter a consciência ainda presa nos bens materiais.

É justamente nesse trânsito, da vida material para a espiritual, que poderá ocorrer relances de passagens importantes e, por vezes, despercebidas, dessa última existência, bem como, após algum tempo, a possibilidade de despertar a memória de vidas pretéritas.

Para instruir este capítulo sobre a *perturbação* que o Espírito está sujeito, após desvencilhar-se do corpo orgânico, vamos nos socorrer da questão n. 165 do *O Livro dos Espíritos*,[3] no qual assim Kardec indaga ao Espírito de Verdade: "O conhecimento do Espiritismo exerce influência sobre a duração maior ou menor da perturbação?" Resposta: "Uma influência

---

[3] Mundo Maior Editora. SP. 2000.

muito grande, porque o Espírito compreende, antecipadamente, a sua situação. Mas a prática do bem e a pureza de consciência são os que exercem maior influência". (nossos grifos)

No livro *Obras Póstumas*,[4] Kardec diz o seguinte: "Realmente o Espiritismo ensina e demonstra o prosseguimento da vida, ficando o Espírito ciente e preparado para o desencarne, todavia não é preciso ser Espírita para não sofrer *perturbação*, mas, sim, ter praticado o bem e ter a chamada 'consciência limpa'. Essa prática não deverá ser ostensiva, mas praticada humildemente para não humilhar o que recebe, como bem Jesus elucidou: "que vossa mão esquerda não saiba o que faz a mão direita". (Mateus 6. 1/4) Esta atitude é essencial para o desprendimento do orgulho, da ambição e do egoísmo, que são energias negativas incompatíveis para a vivência espiritual equilibrada.

Portanto, em toda transformação que o Espírito passar, terá certa *perturbação*, em razão, da mudança de corpos para cada tipo de plano, de mudança do meio de ação e das condições de vida, que varia em tempo e grau de Espírito para Espírito.

A perturbação do Espírito, lembrando novamente, assemelha-se a um tipo de despertar pós-anestesia geral, sentindo-se fora do tempo e do espaço, atordoado e sonolento.

Quanto à "morte" em si, existem concepções totalmente fora da realidade. Acredita-se que quando alguém morre fulminado, por exemplo, por um enfarte violento ou por meio de um disparo, costuma-se dizer: "que é uma "morte" boa, não sofreu nada". O que não é a realidade, pois, se a pessoa estiver em plena vitalidade (salvo se altamente espiritualizada), terá grandes problemas de desligamento e de adaptação no mundo espiritual.

---

[4] Editora Federação Espírita Brasileira. RJ. p. 202. 1973.

De outro ângulo, se a "morte" ocorrer por doenças de prolongado sofrimento e dor, com o paciente definhando lentamente, costuma-se dizer: "que "morte" horrível, quanto sofrimento", que não foge da realidade para nós do lado físico. Entretanto, do lado contrário, afirmam ser "uma boa "morte"", pelo fato do aparente sofrimento e prolongamento da "morte", ser recursos terapêuticos, que ajudam depurar as impurezas que ainda carregamos.

Outros fatos da perturbação do Espírito, no mundo extrafísico, são os desencarnes chamados de "tragédias" (acidente com veículos terrestres e aéreos; incêndios; afogamentos; terremotos, etc.), os espíritos são surpreendidos, em pleno vigor físico, pela "morte", ocorrendo à *perturbação* espiritual, por não entender o que se passa com ele. Lembramos novamente que a *perturbação*, mais ocorre, pelo desconhecimento do plano espiritual e pelo remorso de nossas práticas ilícitas contra terceiros.

Bem cada caso é um caso, não existindo regra geral, dependendo sempre das condutas, da boa vontade e estudo.

Capítulo 8

O que ocorre na letargia, na catalepsia e na "morte" aparente?

A respeito desses temas compulsando o tradicional e expressivo *Novo Dicionário Aurélio Buarque de Holanda Ferreira*[1], encontramos as seguintes definições: *Letargia*, estado patológico observado em diversas afecções do sistema nervoso central, como encefalites, tumores, etc., caracterizado por um sono profundo e duradouro do qual só com dificuldade, temporariamente, pode o paciente despertar. Diz ainda: É um estado de insensibilidade característico do transe mediúnico. *Catalepsia*, estado em que se observa uma rigidez dos músculos, de modo que o paciente permanece na posição em que é colocado.

Por outro lado, o *Dicionário de Filosofia Espírita*, de L. Palhano Jr., citado pelo não menos expressivo, Amílcar Del Chiaro Filho[2], diz o seguinte: "*Letargia* é o estado anômalo de sonolência profunda do qual é difícil sair, como aquele que se provoca pela hipnose". Palhano coloca um parecer espírita e diz "... transe global em todos os centros sensoriais e motores do sistema nervoso central, no qual o paciente, lúcido ou não,

---

[1] Editora Nova Fronteira. Versão 3.0.
[2] *Tirando Dúvidas II*. Amílcar Del Chiaro Filho. Ed. M.M. p. 23. SP. 2004.

não consegue se manifestar nem sentir nenhum estímulo exterior como se o corpo estivesse morto, numa "morte" apenas aparente". *"Catalepsia*, perda momentânea e às vezes espontânea da sensibilidade e da capacidade de contrair voluntariamente os músculos de uma determinada parte do corpo. Manifesta-se por rigidez do corpo ou parte do corpo. Pode ser por causa hipnótica, mediúnica, histérica ou esquizofrênica".

Um dos livros básicos da Doutrina Espírita[3] nos traz relato de que o cadáver é insensível e o que leva a sensibilidade é justamente o fluido perispiritual, desde que exista qualquer resquício de vida no corpo. Quando o corpo físico mais denso sofre uma lesão ou é acometido de uma enfermidade, dispara a sensibilidade (a dor), identicamente, a um choque elétrico que conhecemos. Tal proceder é o *influxo nervoso* ensinado pela Fisiologia. Essa interrupção dolorosa pode ocorrer, além da ""morte" do corpo físico", pela amputação de membro ou pela ruptura de nervo, quando então, não haverá mais a continuação da corrente do fluido perispiritual.

Em outros casos, não orgânicos, temos também a insensibilidade momentânea, ou por certo período, como o caso do militar em combate que foi ferido, mas por causa da superexcitação em que se encontra não percebe e não sente o ferimento e a dor, momentaneamente; casos de sonâmbulos, nos convulsionários, em muitos casos de mártires e na conquista química da anestesia.

Casos ainda existem, identicamente ao *sonambulismo, a letargia e a catalepsia*, nos quais a sensibilidade é interrompida em razão do *Perispírito* atrair quase que totalmente para si o fluido condutor da sensibilidade, denominado por *"morte" aparente* e, em certos casos, podendo até alguma parte do corpo físico entrar em decomposição, apesar da existência de "um fio

---

[3] *A Gênese*. A.K. Cap. XIV, item 29. FEB. R.J. 1944.

de vida" nele. Nesse estado, se ocorrer uma forte excitação interna, pelo inconsciente de quem estiver nessa situação, ou externa, por pessoa dotada de fortes poderes energéticos, impulsionará o retorno do Perispírito ao corpo físico, no qual ocorreria a suposta "ressurreição".

Mas como acontece nessas situações a perda da sensibilidade? Vejamos, o pensamento é o condutor das energias que envolvem o mundo material e espiritual, associado sempre à vontade, que concretizam o direcionamento desejado. É nessa concentração, nessa grande vontade, que o fluido espiritual afasta-se do corpo material denso, alojando-se mais no corpo espiritual o qual força o desprendimento do Espírito, quando, então, pode ocorrer a insensibilidade. Exemplo tradicional é o caso de Lázaro e aqui no Brasil o caso do famoso ator de novelas, Sérgio Cardoso, que possui registro nos anais da Medicina. Na verdade, não existe a "ressurreição" no sentido que a Igreja prega erroneamente, ou seja, a volta à vida de um cadáver, pois no caso de Lázaro, Jesus deixou expressamente registrado: "ele dorme"[4], ficando fortalecido a máxima: "o pior cego é aquele que não quer ver". Aí é que entra as palavras de Paulo, o Apóstolo: "aos homens está ordenado morrerem uma só vez e, depois disto, o juízo" (Hebreus 9:27), pois, não existe um só caso comprovado pela ciência que a pessoa morreu com seu corpo físico e depois retornou com o mesmo corpo. A Igreja tenta, sem qualquer êxito para os esclarecidos, impor essa máxima de Paulo nos casos de "reencarnação", que nada tem com esses fatos, pois, a palavra é bem clara "re + encarnar", isto é, o Espírito é que volta do mundo espiritual e faz uso de um novo corpo físico, com outra aparência, derivada da genética dos pais.

Aqueles que sofreram a *"morte" aparente* e tiveram como conseqüência o seu sepultamento com vida; em novas exis-

---

[4] *João 11:11.*

tências, trazem em si a fobia denominada por *Tafofobia*, que retrata a pessoa que possui o medo doentio de ser sepultada viva, em razão da experiência dolorosa e dramática pela qual passou. Esta síndrome também pode estar associada, fora o caso anterior, a ações delituosas de ter levado alguém a ser enterrado vivo. Neste último caso, pode ou não sofrer a mesma ação, dependendo do caminho que tomar nesta reencarnação. (estudos, conduta, caridade, perdão, etc.)

No livro *"Mediunidade – Encontro com Divaldo"*[5], ele esclarece o assunto com as seguintes palavras: "A *Catalepsia* se manifesta como um tipo de perturbação de natureza psicomotora, produzindo parada dos movimentos voluntários, sem qualquer lesão física". A *Letargia* é um estado de sono profundo, no qual, as funções orgânicas se apresentam, aparentemente, interrompidas, entre elas, as de respiração e circulação".

Outros exemplos: a filha de Jairo (Lucas 8:49-56) e o filho da viúva de Naim (Lucas 7:11/17).

Portanto, *"Letargia* e a *Catalepsia* não são sinônimos de "morte", diz o escritor Richard Simonetti"[6]. "Todas as funções vitais permanecem ativas. O ritmo da vida é que se torna mais lento, como numa hibernação, emprestando-lhe a aparência de um cadáver".

Para outros esclarecimentos imprescindíveis ao entendimento desses casos, socorremos de *O Livro dos Espíritos*[7], no qual Kardec assim indaga os Espíritos Superiores, nas questões abaixo:

422 – Os *letárgicos* e os *catalépticos* geralmente vêem e ouvem o que se passa ao redor deles, mas não podem manifestar-se; é pelos olhos e ouvidos do corpo que isto acontece?

---

[5] Divaldo Pereira Franco. Mundo Maior Editora. 2ª Edição. SP. 2000.
[6] *Viver em Plenitude*. Ed. e Distribuição Gráfica São João Ltda. p. 63. Bauru-SP. 1994.
[7] Editora Mundo Maior. SP. Ano 2000.

R: Não, é pelo Espírito que está consciente, mas impossibilitado de comunicar-se.

422a. Por que não pode comunicar-se?

R: Porque a isso se opõe o estado do corpo. Esse estado específico dos órgãos dá-lhes a prova de que há no homem outra coisa além do corpo, que neste caso, não se manifesta: não obstante, o Espírito continua a agir.

423 – Na *Letargia*, o Espírito pode separar-se totalmente do corpo, de forma a dar-lhe todas as aparências da "morte", e voltar em seguida?

R: Na *Letargia*, o corpo não está morto, visto que as funções orgânicas continuam a processar-se; a vitalidade permanece em estado latente, como na crisálida, e não se extingue. Ora, o Espírito está unido ao corpo enquanto ele viver; uma vez os laços rompidos pela "morte" real e pela desagregação dos órgãos, a separação será completa e o Espírito não volta mais. Quando um homem aparentemente morto volta à vida, é porque a "morte" não foi consumada.

Capítulo 9

Por que esquecemos o passado?

Com as vidas sucessivas o Espírito tem a oportunidade de desenvolver aprendizado em várias especialidades, sendo possível em cada estágio, ou encarnação, dependendo da evolução já adquirida, conquistas de um ou mais aprendizados. É o caso de pessoas poliglotas ou de conhecimentos múltiplos, em que a lógica dirá que tal conhecimento não veio de um cérebro especialíssimo, em comparação com outros, mas, sim, de aquisições pretéritas.

Entendendo-se as inúmeras vivências efetivadas aqui na Terra, o ser humano, dentro de um processo evolutivo, angariou para si acertos e erros; dos acertos adicionou em seu Espírito conquistas intelectuais e morais, que revertem em energias positivas; dos erros impregnou-se de energias negativas que desencadeiam em desequilíbrio trazendo conflitos e sofrimentos. Ambos são heranças que se carrega na trajetória evolutiva, uns refletindo no aprimoramento, outros refletindo na experiência.

Ora, para se tentar reequilibrar as condutas pretéritas menos felizes, há necessidade de se retornar num ambiente com os próprios protagonistas do enredo passado e, aí, reparar os erros para se livrar das conseqüentes energias negativas, o que deverá ocorrer com resignação, muito empenho e dedicação, possivelmente, até com sofrimentos e dores, identicamente ao que foi ocasionado a terceiros.

Nesse processo reencarnatório para esses fins, mentores trabalham em câmaras específicas com esses Espíritos emaranhados nessas tramas, com o fim de que eles aceitem em um novo reencontro, para reequilibrar o que foi desequilibrado no passado. É justamente nesses processos mais complexos que entra a necessidade do *esquecimento do passado*, para que juntos trabalhem reequilíbrio abrindo novamente o caminho para o progresso, caso contrário, permanecerão estacionados na evolução. No estágio evolutivo da humanidade não há outro caminho para a reconciliação, a não ser o chamado *esquecimento do* passado, pois, dos conflitos e desavença, restam entre os envolvidos ódios e vinganças.

Cabe ainda ressaltar a incompatibilidade energética que ocorre quando o Espírito retorna à vivência num corpo físico, mesmo tratando-se de Espíritos dos mais atrasados que sejam, as energias do seu Perispírito (ou Corpo Espiritual ou Corpo Astral) serão sempre mais rarefeitos do que as energias do corpo físico que irá fazer uso na nova caminhada terrestre, por ser este condicionado das mais densas do planeta. Só esse fato já explica o *esquecimento do passado* e dos encontros na espiritualidade durante a liberdade parcial do Espírito durante o sono. A experiência do dia-a-dia nos mostra esse fato. Quantas vezes estamos conscientes na espiritualidade onde participamos do desenrolar de um fato, que muitos chamam de sonho, mas na realidade são nossos contatos no plano invisível aos olhos físicos e, ao retornar ao corpo físico, pouco a pouco, vamos perdendo a consciência do que havíamos registrado.

Apesar de toda essa complexidade, como não poderia deixar de ser, existe uma lógica nessas leis sábias de Deus, sempre com vistas às nossas necessidades e no entanto muitas vezes estamos cegos para essas oportunidades. O mais importante de tudo foi conquistado pelas experiências em todos os entreveros vivenciados, apesar do esquecimento temporário delas, nunca vamos perdê-las, por ser um patrimônio conquistado para o Espírito Eterno.

Como acima deixamos bem claro o porquê do esquecimento, não é uma regra geral, enfatizando que todos podem ter acesso a esse tesouro que carregamos, dependendo de cada individualidade conquistar o mecanismo para abertura desse tesouro das vidas pretéritas. Como? Todas as experiências adquiridas nas milenares caminhadas pregressas estão impregnadas na mente espiritual. Esta, ao reencarnar para novos aprendizados, traz em si, armazenados, se assim podemos dizer, todos esses registros, mas que não virão para a consciência pelo motivo já explanado. Entretanto, se, nesta oportunidade reencarnado, enveredarmos nos ensinos das *boas novas* do Cristo, iremos adquirir conhecimentos do funcionamento das Leis de Deus, por ser o Evangelho o caminho para a conquista dessas leis. Portanto, desenvolvendo o sentimento e o amor com o próximo e com tudo da Natureza, automaticamente, estaremos transmutando as energias mais grosseiras que envolvem ainda nosso Espírito, por outras mais sutis, as quais serão compatíveis, aos poucos, com as energias que armazenam no "baú" que guarda o passado.

Relembrando Sócrates, que viveu aproximadamente 500 anos a.C., hoje passados 2.500 anos, já ensinava uma coisa muito importante "Conheça-te a ti mesmo"[1], e que a maioria ainda não descobriu o sentido verdadeiro dela. Ora, todos se reconhecem desde os dedos dos pés até aos fios de cabelos, bem como nossas tendências e o que carregamos em nossa consciência. Mas não são a esses conhecimentos que estava referindo-

---

[1] Essa grande máxima encontrava-se gravada no portal do templo de Apolo, em Delfos, na Grécia.

se Sócrates, e sim os conhecimentos que trazemos das inúmeras vidas pretéritas que, com toda certeza, não foram somente de erros, porém, também de adicionamentos intelectuais, os quais continuam armazenados em nós e trata-se de um rico tesouro. Mas, perguntamos, como poderemos chegar a esse tesouro tão bem guardado? É só seguirmos o Mestre Divino que nos deu todos os caminhos para essa aquisição. Lembremos suas palavras nesse sentido: "Buscai e Achareis", em outras palavras: "Ajuda-te que o céu te ajudará". Precisamos nos ajudar adquirindo conhecimentos das Leis Divinas, as quais farão que as portas se abram e ali acharmos o que realmente é nosso e dele fazermos uso já nesta existência.

Mas, podemos questionar dois fatos importantes que ocorrem em nossas vidas. Como sobrevêm *as idéias inatas* se existe o *esquecimento do passado*? Ou se já vivemos várias existências aqui na Terra e, em conseqüência, já morremos com o corpo físico mais denso tantas vezes quantas nascemos, por que ainda temos medo da "morte"? São casos de resquícios pretéritos que ficaram mais marcantes em nosso Espírito e, de um modo ou outro, se fazem necessários na presente existência. No caso de medo da "morte" do corpo físico mais denso, podemos dizer que dentre outras inúmeras que ocorreram em processo mais brando, algum caso de desencarne mais sofrido ficou com marcas mais profundas e hoje carregamos essa impressão.

Portanto, o *esquecimento do passado*, que é relativo, trata-se de uma das providências das Leis Divinas baseadas na Misericórdia de Deus, pelo motivo que sem um véu que encobrisse certos fatos do passado, o ser humano em geral repetiria as mesmas faltas e nunca sairia do círculo vicioso, razão da existência de um tempo de transição para o conhecimento de suas outras vidas. Kardec lembra na sua codificação[2]: "Se não

---

[2] *Livro dos Espíritos*. Allan Kardec. Mundo Maior Editora. SP. 2000.

temos, durante a vida corporal, uma lembrança precisa do que fomos e do que fizemos de bem ou de mal em nossas existências anteriores, temos, não obstante, a intuição. Nossas tendências instintivas são uma reminiscência do passado às quais a nossa consciência – que representa o desejo que concebemos de não mais incidir nos mesmos erros – indica que devemos resistir".

Diz ainda: "Quando o Espírito retorna à vida espírita, todo o seu passado desenrola-se diante dele. Vê as faltas nas quais incorreu e que são causas de seu sofrimento, bem como o que poderia tê-lo impedido de cometê-las. Compreende que a posição em que se encontra é justa e busca, então, uma nova existência que poderia reparar a que acaba de findar-se. Procura provas semelhantes às que não soube vencer, ou as lutas que acredita apropriadas ao seu adiantamento".

A voz da consciência é a lembrança do passado, que lhe adverte a não recair nas faltas que cometeu anteriormente. Nossas tendências, ou em outras palavras, nossas tentações são, na realidade, reminiscências de nossas fraquezas.

Por fim, a idéia de que o *esquecimento do passado* está relacionado, exclusivamente, em registro existente no mundo espiritual, onde somente será revelado quando do retorno a ele pela "morte" do corpo orgânico mais denso, é falsa e completamente distorcida da verdade, cabendo ressalvar que todas nossas existências pretéritas estão junto de nós, aqui com o Espírito encarnado, ou quando desencarnado, na sua mente ou no seu corpo mental, que não está esquecido, mas, sim, fechado para o nosso conhecimento, aguardando em uma espécie de baú espiritual, ser aberto a qualquer momento propício e retornar à nossa consciência.

Essas conquistas do passado estão ao nosso dispor, mas, para tanto, devemos atingir o patamar das energias que guardam essas heranças ou esses patrimônios que "ladrão nenhum roubará", as quais são mais rarefeitas das que carregamos em nosso corpo físico. Assim, com a recomendação do estudo, da caridade e da fé raciocinada, estaremos renovando essas energias densas desse nosso corpo atual e atingiremos a compatibilidade daquelas que guardam o nosso passado, quando vem o complemento da recomendação evangélica acima citada: "Pedi e Obtereis e Batei a Porta e Ela se Abrirá", ou em outras palavras: "Ajuda-te a Ti Mesmo".

Por este caminho é que iremos conquistar as verdades das Leis Imutáveis de Deus que são energias de pureza e muito mais rarefeitas das nossas atuais, as quais, abrirão "as portas" que trancavam esse chamado *esquecimento do passado*. Assim, lenta e proporcionalmente, vamos tendo conhecimento dos tesouros adquiridos nas vidas passadas, advindos das várias experiências, estudos e práticas de cada um de nós, nessas outras existências corporais que ninguém jamais irá se apoderar.

Capítulo 10

A fatalidade existe?

Do latim *fatalitate*, a palavra *fatalidade* expressa um caráter popular de acontecimento funesto, um infortúnio ou até mesmo uma desgraça. Conceitua ainda o *Dicionário Aurélio*:[1] "tratar-se de um caráter de fatal, sorte inevitável, destino ou fatalismo".

Assim, na concepção da palavra, *fatalidade* entende-se como um destino inevitável, do qual não podemos fugir, o que é inadmissível pela Doutrina Espírita, por se opor à liberdade de agir do Homem, ou seja, o *livre-arbítrio*. Contudo, por causa ainda ao nosso estágio evolutivo, que exige a necessidade do encarne e desencarne do Espírito, sucessivamente, para galgar degraus progressivos, podemos localizar a *fatalidade* em dois momentos temporários da nossa vida: no nascimento para o Espírito desencarnado que retorna ao plano terrestre, e na "morte" física para o Espírito encarnado que retorna à espiritualidade.

A fatalidade referente ao "nascimento e "morte"" faz parte do quadro da evolução espiritual, em que o Espírito eterno veste-se com o corpo orgânico e dele se despe, numa sincronia

---

[1] Dicionário Aurélio Básico da Língua Portuguesa. Editora Nova Fronteira. RJ. 1988.

natural das Leis Soberanas. Por isso mesmo, a questão da "morte" é de alta relevância nos cometimentos humanos, em razão da sua presença normal nas expressões biológicas em formas de fantasias, paixões e vícios, que refletem na mente e respondem por todo e qualquer tipo de sofrimento, dor e conflito.

Esses são, em nosso mundo ainda sujeito a essas leis progressivas, fatos que podemos considerar como fatais. Agora, existem outros acontecimentos, que vêm a calhar na caminhada da vida física, denominado erroneamente de *fatalidade*, que ocorrem unicamente pela escolha que o Espírito faz, antes de reencarnar, com o fim de passar por prova ou reajuste de um fato pendente de reparo, que seria uma espécie de destino, provocado pelo próprio Espírito.

Em resumo, todos os acontecimentos do ser humano são previamente estudados, organizados e executados sempre no propósito de sua evolução, não existindo nada que aconteça ao acaso ou nada acontece porque "está escrito", como se diz popularmente. Sempre há condições de se alterar fatos que deveriam ocorrer, dependendo, exclusivamente, de nossas condutas; principalmente com o uso benéfico do pensamento e do perdão.

Portanto, se alguém praticou algum mal a outrem, significa que acabou por registrar o mal em si mesmo. Esse vínculo somente será desatado por dois caminhos: pela expiação do mal praticado ou pelo perdão das ofensas recebidas de terceiros.

Por esse processo, reencarnaremos com certas tendências para certas condutas, refletidas pelo fator "ontem", as quais poderão ser, a cada minuto, alterada pelo uso do nosso livre-arbítrio, pois nossos pensamentos, sentimentos e condutas tornam-se energias que modificam, constantemente, nosso destino planejado. Por tudo isso que vimos não há arrastamento irresistível para certos acontecimentos. Há, sim, tendências que são, evidentemente, do Espírito, em decorrência desses fatos e, pela sua própria vontade, acabam cruzando e entrelaçando com certas pessoas para o necessário reajuste.

Essas ocorrências em nossas existências ficaram conhecidas por *determinismo*. Na área da Ciência, *determinismo* é o princípio geral que constitui uma das bases de todo conhecimento científico. É a existência de relação constante e necessária entre certos atos, em razão da cadeia de uma relação causal, ou seja, relação entre o antecedente e o conseqüente.

Consiste na efetivação de certos fatos, de determinados acontecimentos, na vida do ser humano e que independem da sua vontade. Na realidade, esse *determinismo* somente acontece por intercessão da espiritualidade maior, no sentido de propiciar a realização daquilo que tenha sido combinado na espiritualidade. Antes da reencarnação, os mentores colaboram na escolha de provas e reparos, mas nós mesmos planejamos nosso destino não havendo nada de fatalidade.

Assim, o *determinismo* não é absoluto, pois o Homem seria sempre um predestinado, o que não se admite pela misericórdia de Deus, que sempre fornece a ele recursos para alívio de suas aflições. Por fim, o *determinismo* é relativo tanto quanto o é o livre-arbítrio. Tanto um quanto outro, levam-nos ao discernimento entre o bem e o mal e ao crescimento espiritual.

Portanto, durante toda existência no corpo orgânico, o Espírito avança a cada momento para o desenlace material e nesse percurso desenvolve todas as aptidões que lhe estão em latência. É compreensível e necessário que o ser inteligente reserve tempo para a reflexão em torno desse *fatalismo* inexorável. Postergar reflexões a seu respeito, pela ilusão da juventude e dos apegos materiais, ou até por medo, demonstra unicamente uma imaturidade psicológica e uma falta de fé raciocinada nas verdades eternas.

A regra é treinar a cada dia o desprendimento dos bens materiais a que se está vinculado e ao desapego às paixões desequilibradas. Habitua-se a projetar aspirações e tarefas para além da fronteira do túmulo, através da idéia da imortalidade do Espírito, enquanto estamos com a oportunidade de trânsito terreno, que um dia terá interrupção para um prosseguir em outras dimensões.

Capítulo 11

O sono de antes e depois da "morte"...

O *sono*, segundo os dicionaristas, é um estado de uma pessoa cuja sensibilidade e atividade ficam suspensas; é um adormecimento, é um repouso [1]. Poderíamos dizer que se trata de um entorpecimento do corpo físico, resultante de intensa atividade do corpo orgânico durante o dia. Entretanto, mesmo não havendo atividade, sempre há certo desgaste da vigília que precisa ser recomposto durante o sono. Ele é um alimento para o físico.

Segundo estatísticas médicas dessa área, o ser humano, na evolução em que se encontra, passa um terço da sua existência dormindo, e, calculando com a idade média de vida atual do brasileiro, que é de 65 anos; dormimos aproximadamente 22 anos. Para se ter tantos anos de repouso para o corpo físico mais denso é porque ele é, extremamente, necessário para a recuperação e o equilíbrio desse corpo. Ora, após a desagregação orgânica desse corpo, em seqüência, na sociedade espiritual, faz-se o uso de outro corpo, desta feita o Perispiritual, ou

---

[1] *Novo Dicionário Aurélio Buarque de Holanda Ferreira*. Editora Nova Fronteira. Versão 3.0.

Corpo Espiritual, o qual também é matéria, só que menos densa, e precisa também para sua recuperação certos períodos de sono ou repouso reconfortador e equilibrador; logicamente, em virtude ainda da inferioridade dos habitantes deste planeta.

Portanto, pode ocorrer o sono do Perispírito após o desprendimento, pela desagregação orgânica do corpo material mais denso e ter um despertar proporcional ao que carregou em sua consciência.

Tanto ao nascer quanto ao morrer esse despertar do Espírito, para as ambas vivências, é praticamente idêntico, ocorrendo uma faixa de tempo em estado de inconsciência, variando muito de um para outro. O caso mais comum, relativo à evolução média do planeta e de seus habitantes, é um estado de sonolência nos dois planos. Aqui os recém-nascidos por um bom tempo somente dormem e recebem uma alimentação especial; acolá dormem e também recebem uma alimentação especial em forma energética. As circunstâncias do encarne e do desencarne podem estar associadas a enfermidades e acidentes, que ocorreram e, ainda, a evolução respectiva de cada individualidade, que irão influenciar no tempo de despertar.

Agora, esse sono não é o que se prega na Igreja, no sentido que ficaria nesse estado à espera do Juízo Final, quando, então, aqueles com merecimentos ressuscitariam, de conformidade com a interpretação que fazem dos textos evangélicos "ao pé da letra". Paulo de Tarso[2] afirma que: "nem todos dormiremos", confirmando os ensinos dos próprios Espíritos Superiores que ditaram as obras básicas da Doutrina Espírita que, por sinal, muitos deles, foram os considerados "santos da igreja", os quais hoje na espiritualidade maior, com uma nova visão, continuam a trabalhar para o Cristo.

---

[2] Paulo aos Coríntios I. 15:51.

Esse sono no plano espiritual tem também outras serventias salutares, como nos casos de excesso de apego aos bens materiais, aos parentes e os que desencarnam no ódio; não terão oportunidade de se ligarem nesses propósitos por trazerem sofrimentos em ambos lados. Portanto, nesses casos é até salutar o sono espiritual mais dilatado para o Espírito que não se desprender das coisas e das pessoas, que aqui ficaram e evitando a obsessão.

O sono poderá ser brando, inquieto e terrivelmente perturbador, dependendo do estado de consciência que o Espírito carregar. No primeiro caso, terá sonhos saudáveis no aguardo do momento mais propício para o despertar; no segundo, inquietante pelo desconhecimento das realidades da vida eterna e pela pouca fé; e, por fim, o terceiro tipo, que é o mais perturbador, por causa do estado magnetizado que se encontram pelas próprias energias negativas, que conquistaram nas ações e condutas lamentáveis que praticaram. Geralmente esse repouso vai acontecer em pronto-socorros, em casas avançadas de auxílio, em casa de reabilitação ou em colônias intermediárias das cidades espirituais. Nos casos mais graves, por vezes, não chegam nesses locais de socorro, em conseqüência da falta de condições energéticas para tanto. Dessa forma, ficam nesse estado, por longos tempos, em cavernas, grutas, vales, onde terão como companhia Espíritos da mesma densidade energética; locais esses, conhecidos por "inferno" ou "trevas exteriores",[3] ou mais modernamente, por "Umbral". (ver capítulo Perturbação)

Bem especifica o Padre Antonio Vieira: "O sono é a imagem da "morte", os sonhos são a imagem da vida".

Para finalizar esse capítulo sobre o *sono após a "morte"*, socorremos dos ensinamentos iluminados do Espírito Joanna

---

[3] *Mateus 8:12*.

de Ângelis: "A Humanidade em geral vive em estado de sono, em letargo, e, por isso mesmo, padece da enfermidade mais dominadora, que é a ignorância de si, da destinação de cada um, do significado da existência". Acrescenta ainda: "Estar acordado é encontrar-se pleno, consciente da sua realidade interior e das infinitas possibilidades de crescimento que estão ao seu alcance". Por fim: "O Apóstolo Paulo estava tão certo do valor do despertamento da consciência, que em memorável carta aos Efésios, conforme se encontra no capítulo cinco, versículo catorze, conclamou: *Desperta, ó tu que dormes, levanta-te entre os mortos e o Cristo te esclarecerá*". "Isso porque, sono é forma de "morte", de desperdício da oportunidade educativa, esclarecedora, terapêutica, enriquecedora. E nesse sentido, quando se está desperto, Jesus esclarece".

Capítulo 12

Como é a vida depois da "morte"?

Sabemos que o Cristianismo, implantado com muito trabalho e sofrimento, por Jesus e Seus apóstolos, conseguiu destruir a crença do *paganismo*. Há quase 150 anos, o Espiritismo, codificado por Kardec e divulgado por inúmeros seguidores, vem trabalhando, arduamente, para destruir a crença *materialista*.

Paralelamente temos também a ciência humana, sempre no labor de trazer as verdades das leis que regem o nosso orbe planetário, a qual já afirma que o *materialismo* será destruído das mentes humanas, exatamente por falta de *matéria,* ou seja, o que é chamado de matéria densa em nosso meio, não é senão uma energia radiante condensada.

Desse modo, cientistas contemporâneos chegaram à conclusão de que a matéria que conhecemos – minerais, vegetais, animais e hominais, e tudo mais que nossos olhos humanos vêem – é pura energia, "energia congelada" ou energia que se solidificou ou densificou.

Na evolução em que nos encontramos aqui no planeta Terra, não podemos nos referir a "corpo material", somente ao usado aqui na crosta terrestre, porém, a todos outros corpos que fazemos uso nos planos espirituais, pois todos eles possuem ainda certa quantidade de matéria ou energia mais densa. Uns mais, outros menos, até a conquista do desprendimento total dessas energias, quando então, não mais estaremos sujeitos a reencarnação, com exceção às missões.

Consoante às especulações mais antigas e às constatações científicas mais recentes, tudo quanto existe em nossa volta é formado de partículas denominadas "átomos" que, por sua vez, hoje já se sabe, são constituídos de outras tantas partículas, infinitamente pequenas. No nosso mundo Terra, o que chamamos de matéria é uma forma grosseira de energia, ou seja, energia pulsando em baixíssimo padrão vibratório, ensejando a idéia de que se trata de substância concreta, o que na realidade aparenta; porém, todos nós sabemos que tal matéria um dia vai desagregar ou desintegrar, átomo por átomo, molécula por molécula, quando então, é denominado erroneamente, "morte".

O estudo da constituição íntima da matéria deu-nos a conhecer, a partir do átomo e das suas partículas, outros estados mais delicados e imponderáveis, como o gasoso e o radiante, este último descoberto pelo cientista inglês e espírita William Crookes.

Lembrando novamente o Espírito Emmanuel, no prefácio do livro *Nos Domínios da Mediunidade*, afirma que: "O corpo de carne ficou reduzido a um turbilhão atômico, regido pela consciência. Todo corpo tangível, nos reinos conhecidos, nada mais é do que uma porção concentrada de energia"[1]. Nessa constituição intrínseca, temos que considerar ainda, os raios, as correntes elétricas, as ondas e as vibrações diversas, que também são formas mais finas de matéria, invisíveis ao nosso olhar humano.

Dentro deste contexto, ao redor deste nosso mundo visível aos olhos físicos, outro existe, de matéria mais delicada e

---

[1] Federação Espírita Brasileira. RJ. 1ª Edição. p. 8. 1955.

mais sutil, que nossos olhos não vêem, no qual adentra-se, imediatamente, ao desintegrar o corpo dito de carne, com um outro corpo, chamado cientificamente, *Perispírito*, tão tangível e tão real quanto aquele que tínhamos.

A Ciência Física ensina que, na constituição natural do planeta, desde a *barisfera* à *ionosfera*, onde atua a atmosfera e impera a ação da gravidade, existem múltiplos círculos de força e atividade, a se totalizarem numa só faixa do espaço, pertencente somente à Terra.

O Espírito Efigênio Vitor[2], em estudo sobre esse espaço, nos diz da existência de "regiões purgatoriais que se estendem até 50 quilômetros acima da superfície terrestre", formando o que ele chama de "cinta densa". Mais além começa o que ele denomina de "cinta leve", com uma extensão de 1.000 quilômetros, para cima. Esse seria o espaço físico, provavelmente, que situam os planos espirituais aqui na Terra.

Essas regiões purgatoriais referentes às "duas cintas" fazem justamente dos planos espirituais que Kardec denominou de *erraticidade*, nos quais estagiam Espíritos de variadas evoluções, alguns necessitando transmutar suas energias negativas que foram conquistadas em suas andanças pela crosta terrestre, e que necessitam de certa depuração, antes de enfrentar novos incursos no corpo material mais denso. Outros mais evoluídos aproveitam esse estágio espiritual para aprimorar o que já conquistaram intelectual e moralmente. Esses processos têm como escopo sempre o progresso e a evolução de todos.

Por sua vez, o Espírito Lucius[3] nos ensina que: "a Terra é um imenso ímã, com o seu campo magnético próprio e extre-

---

[2] *Instruções Psicofônicas*. Francisco Cândido Xavier. Autores Diversos. FEB. 1ª Ed. p. 128 RJ. 1956.
[3] *Cidade no Além*. Francisco Cândido Xavier e Heigorina Cunha. Instituto de Difusão Espírita. Araras - SP. 1983.

mamente ativo, dentro do qual estão todas as esferas espirituais adjacentes e distantes do planeta, esferas essas que se vão tornando mais e mais tênues à proporção que se afastam da superfície".

O tão intrigante solo espiritual, ainda de difícil compreensão para muitos, é constituído por energias respectivas de cada plano evolutivo e de compatibilidade com os Espíritos que lá vivenciam, desde as que mais se aproximam ao nosso plano até os mais sutis de esferas superiores.

O Espírito Áureo[4] também fala-nos da existência de outras formas de energia, ainda do desconhecimento da ciência terrestre, por exemplo, *a energia mental*, que se exprime pelo pensamento e, por sua vez, é a energia que cria e organiza as esferas espirituais nos quais os Espíritos, em diferentes graus evolutivos, vivem e se movimentam. Aqui, nós, Espíritos encarnados, construímos o nosso meio habitacional, com parte do pensamento e de nossas mãos. Lá, somente cria-se e organiza-se, manipulando as energias pelo pensamento.

Os planos habitados são sempre os reflexos dos Espíritos que neles estagiam. A vida no além ou no chamado mundo espiritual é, assim, composto de diferentes planos, evidenciando vários graus de adiantamento. Tem suas organizações assistenciais, administrativas e científicas. Todos sempre relacionados com a gravidade respectiva, pois aqui é o reflexo mais grosseiro do que lá existe mais rarefeito. Trata-se da pátria natural de todos nós, Espíritos eternos, e de onde nos ausentamos somente para novos ciclos, aqui na crosta terrestre ou até em outros planetas, sempre com vista no progresso evolutivo.

Assim, os corpos espirituais, as edificações, as ruas, os rios, lagos e mares, bem como a influência climática e os demais objetos existentes, serão tão concretos para eles, em propor-

---

[4] *Universo e Vida*. Editora da Federação Espírita Brasileira. RJ.

ções de mais ou menos distantes da crosta terrestre. Razão que os Espíritos, nesses planos diversos, tanto podem caminhar no solo correspondente à sua faixa vibratória, no qual terá a mesma sensação de solidez que temos no nosso plano material grosseiro, ou volitar desprendidos dessa atração gravitacional. Tanto podem ver aqueles com quem convivem, como aqueles que estão em planos mais inferiores, mas nunca aqueles que estão em planos superiores, a não ser pelo dom mediúnico.

Ainda com relação ao chamado mundo espiritual podemos dizer que se trata do extrafísico, isto é, o que não está mais no estado físico do universo atômico e que abrange todas as formas físicas que conhecemos na vida corporal. Abrange esse mundo um espaço fora das dimensões do plano em que nos encontramos atualmente e, temporariamente, por ser um nível diferenciado de evolução. Em nosso orbe planetário, como em todos os outros, está presente esse plano espiritual, hoje em dia identificado por "universo paralelo", por constituir o mundo primitivo ao outro.

Nesse entendimento, os planos espirituais interpenetram-se, mas não se misturam. Estão justapostos uns aos outros, sem se misturarem ou confundirem-se. O que prevalecerá é justamente o "estado de existência" do Espírito. Exemplificando, diríamos, o estado mental que hoje possuímos será o parâmetro do plano espiritual que nos aguardará para nossa vivência no além.

Como já deixamos claro o que vale mais no Espírito é a sua consciência, pois sua situação será de conformidade com o pensamento que carregar em si. Todo pensamento leva definitivamente para o meio que lhe é próprio, por ser o pensamento a própria essência do plano espiritual e o que se usará para suprir todas as necessidades do Espírito. Portanto, carrega-se a convicção religiosa que o Espírito recebeu, e lá estará em companhia daqueles que professaram a mesma fé. Entretanto, será o momento de comparar o que recebera de ensino com o que está vivenciando nessa nova caminhada, quando, então, se tiver mente aberta, renovará seus conceitos de fé e seguirá em aprimoramento. Caso contrário, se fanático, ficará nessa situação até a sua próxima reencarnação, quando terá novo ambiente familiar e religioso para que possa, dessa vez, trilhar novos caminhos. É o império da Lei de Afinidade.

Cada Espírito, de acordo com o seu "peso específico", isto é, a sutileza do seu corpo espiritual, adquirido nas vivências materiais mais grosseiras, habitará aquele plano compatível com o seu grau de evolução. Pela razão que cada plano espiritual possui um padrão vibratório típico e o nosso *Perispírito*, após a desintegração deste corpo, que carregamos hoje, irá se adequar a um deles.

Depois do desencarne, a sensibilidade do Espírito já não é mais percebida somente pelos cinco sentidos que tinha quando encarnado, mas o Espírito reintegra sua ultra-sensibilidade, ou seja, tudo que carregou em si em termos de sofrimento e felicidade atingirá proporções inimagináveis, quando de um lado ocorre a perturbação, já amplamente estudada, e de outro o equilíbrio e a suprafelicidade. Os Espíritos que desencarnam equilibrados em sua vida terrestre, ou seja, com condutas dignas e sem grandes aflições e preocupações, estarão com liberdade em sua nova morada, enquanto, os que partem carregando paixões e vícios estarão presos e sua situação será de um desequilibrado.

Pelo sono físico, adormece-se na vida material densa e acorda-se na vida espiritual leve. Pela "morte" física, a vida adormece pelo trânsito dos planos diferenciados e acorda com a mesma vida no plano primitivo da existência. A situação do Espírito depois dessa passagem obrigatória será idêntica a que foi deixada na vivência da crosta terrestre, com todas as conquistas intelectuais e morais adquiridas durante todo o estágio que teve oportunidade, com os mesmos pensamentos, com os mesmos desejos, com o mesmo equilíbrio e com a mesma personalidade. Ficando, assim, fácil sabermos como vamos estar na sociedade espiritual se o nosso desencarne ocorrer, por exemplo, hoje. Somente com uma diferença: as sensibilidades e as percepções estarão muito mais aguçadas em razão que não mais iremos ter cinco sentidos, que tínhamos até então, no corpo físico denso. Mas, em número muito maior. Conclui-se daí que, tudo que de bom levarmos, sentiremos uma felicidade e um prazer muito maior e, tudo que de mau carregarmos, sentiremos uma infelicidade e um desprazer muito pior, donde vem a perturbação espiritual.

Sem qualquer segredo ou mistério, a Doutrina Espírita deixa bem claro que a vida futura é uma continuação da vida presente, na qual nossas conquistas específicas irão designar qual será a faixa vibratória compatível com a que iremos levar no *Perispírito*, desmistificando-se as crendices de que o Espírito, na realidade ainda o *Perispírito*, seria uma névoa, um vapor ou um tipo de fumaça ou fantasma. O Espiritismo ensina e demonstra que ele é tão concreto como nosso corpo material, somente menos denso, mas com uma vida autêntica, dinâmica e verdadeira.

Para tanto, vamos trazer registro de João Evangelista[5] no qual Jesus demonstra esta realidade: "Ora, Tomé, um dos doze, chamado Dídimo, não estava com eles quando veio Jesus (materializado). Disseram-lhe, então, os outros discípulos: Vimos o Senhor. Mas ele respondeu: Se eu não vir nas suas mãos o sinal dos cravos, e ali não puser o dedo, e não puser a mão no seu lado, de modo algum acreditarei. Passados oito dias, estavam outra vez ali reunidos os seus discípu-

---

[5] *João 20:24/27*.

los, e Tomé, com eles. Estando as portas trancadas, veio Jesus, pôs-se no meio e disse-lhes: Paz seja convosco! E logo disse a Tomé: Põe aqui o dedo e vê as minhas mãos; chega também a mão e põe-na no meu lado; não sejas incrédulo, mas crente". Em Lucas há também um registro muito importante [6]: "Falavam ainda estas coisas quando Jesus apareceu no meio deles e lhes disse: Paz seja convosco! Eles, porém, surpresos e atemorizados, acreditavam estarem vendo um fantasma (para confundir, traduziram na Bíblia "um espírito"). Mas Ele lhes disse: "Por que estais perturbados? E por que sobem dúvidas ao vosso coração? Vede as minhas mãos e os meus pés, que sou Eu mesmo; apalpai-me e verificai, por que um fantasma (colocaram "um espírito") não tem carne nem ossos, como vedes que Eu tenho.

Esses fatos narrados por Jesus são ampla e convictamente narrados em vários livros científicos sobre materialização de Espíritos que comprovam concretamente, o Corpo do Espírito ou o Perispírito, usado nos planos mais próximos ao daqui da crosta e que Jesus usou para comprovar a continuidade da existência, o qual possui órgãos e sistemas semelhantes ao do corpo material grosseiro.

Porém, quando esse corpo espiritual atingir planos mais elevados do invisível, já terá eliminado toda parte das energias mais grosseiras, continuando a vibrar em padrões mais refinados e purificados, no caminho da vida eterna. Na questão 187 de *O Livro dos Espíritos*, Kardec registra esses fatos com as seguintes palavras: "... em alguns casos o Perispírito torna-se tão etéreo que é como se não existisse...".

Ptolomeu admitia a existência de sete céus ou esferas concêntricas, em torno da Terra, e Jesus simplificou e esclareceu, no sentido que não são céus, esferas, planos, espaços, mundos,

---

[6] *Lucas 24:36/40.*

mas, sim, moradas, dizendo: "Na casa do meu Pai há muitas moradas".

Em uma síntese, poderíamos dizer que todos Espíritos aqui encarnados e todos os desencarnados pertencem ao mundo do nosso planeta Terra. Assim, hoje encarnados pertencemos a este planeta, amanhã desencarnados também pertenceremos a este mesmo planeta, ou a este mesmo mundo, que até então, estamos passando por estágio necessário à nossa evolução.

Comumente são usadas as expressões: "mundo material" e "mundo espiritual" somente para dar uma diferença existencial de estágio. Entretanto, trata-se de um único mundo e não dois mundos para nós aqui na Terra, mas, sim, diferentes planos vibratórios de vivências.

Portanto, existem vários planos espirituais como vimos e, em conseqüência, várias sociedades, sendo uma seqüência da outra, e uma única Humanidade que faz parte dos encarnados e desencarnados. Pelo corpo físico, o Espírito está ligado ao mundo visível; pelo corpo fluídico, ao invisível. O sono é a separação temporária dos dois invólucros (Corpo Físico e Perispírito); a "morte" é a separação definitiva. O Espírito, portanto, separa-se do corpo físico e a vida (ou existência) passa a concentrar no Perispírito.

O nascimento na carne é, desta forma, como que uma "morte" para o Espírito, por encerrar sua liberdade em um novo corpo físico mais denso. Por outro lado, o que chamam aqui de "morte" é, simplesmente, o retorno do Espírito àquela liberdade anterior, logicamente, tudo de conformidade com a evolução de cada um e o plano compatível.

A célebre frase de Lavoiser: "nada se cria, nada se perde, mas tudo se transforma" é, justamente, a lei referente aos ciclos de vivências de tudo, cada um em seu estágio e evolução, já que o término de um implica no início de outro. Por outro lado, hoje, a Física Quântica nos afirma que tanto os átomos como os próprios orbes planetários estão, a todo o momento, morrendo e renascendo. Destarte, mostra a realidade das leis universais, conforme o que disse o criador do "hermetismo"[7]: "Assim como é em cima, assim é embaixo". E o próprio Mestre Divino mostrou ser necessária essa interação, entre os Cosmos e a Terra, ou entre o *macrocosmo* e o *microcosmo*, ao orar ao Criador: "Seja feita a Vossa vontade assim na Terra como nos Céus".

---

[7] Hermes Trismegistro.

Capítulo 13

A sobrevivência e a imortalidade

Muito se acreditou em que o Espírito fosse uma entidade abstrata, um ser vago ou até uma chama, por causa do ocultamento secular das verdades por parte das religiões, principalmente as do Ocidente. O interesse de deixar o ser humano nessa ignorância foi para que a Igreja tivesse soberania sobre os seus seguidores, o que realmente veio a ocorrer por muito tempo e, quando alguém com mais conhecimento indagava, mais profundamente, os sacerdotes a respeito do Espírito, tinha como resposta: "são mistérios de Deus". Ora, quem estava com obrigação de instruir seus seguidores quanto às realidades Cristãs da imortalidade e da vida eterna não o fizeram, deixando de cumprir preceito evangélico incontestável, como no caso: "Ninguém, depois de acender uma candeia, a põe em lugar escondido, nem debaixo do alqueire, mas no velador, a fim de que os que entram vejam a luz".[1]

Desse encobrimento restou temor e obediência para os menos esclarecidos e perseguição e "morte" para os que não aceitavam os dogmas da Igreja, completamente distorcidos das realidades que Jesus, o Mestre Divino. Este veio até nós para trazer esse conhecimento da imortalidade e, mais ainda, a

---
[1] Lucas 11:33 e Mateus 5:15.

existência de um corpo, não mais o material grosseiro usado aqui na caminhada terrestre densa, porém com um outro corpo, que também é material, somente que uma matéria mais rarefeita e mais leve que se usa aqui e chamada de "carne". Foi justamente com esse corpo que Jesus reaparece e convive algum tempo com os discípulos, corpo esse, também tangível e definido, somente em outros padrões vibratórios, pertencente ao plano energético existente logo acima do nosso.

Atualmente já se sabe que nada se aniquila ou se perde no Universo. A Química e a Física demonstram que nenhum átomo e nenhuma força se dissipa. Como então acreditar na "morte" se o Espírito iniciou-se por esses princípios subatômicos, unidade prodigiosa das potências intelectuais e espirituais? Não só a razão e a lógica, como também os próprios fatos científicos trazem a convicção da imortalidade da vida. Trabalho exemplar foi do físico Jean Charon[2], que, pelas intensas pesquisas e em suas análises, reconheceu a existência da Eternidade do Espírito, a partir de estudos sobre os Elétrons.

Temos de ficar convictos que a existência humana na Terra representa um ciclo ou estágio que o Espírito faz para fins de aprimoramento e evolução, cuja duração, sempre delimitada, poderá ser breve ou mais longa, de acordo com certas circunstâncias que melhor correspondam às altas finalidades, que é caminhar para Deus.

O nascimento e a "morte" do corpo físico são fenômenos naturais, correlativos e conexos. Ninguém morre sem ter nascido, por outro lado, ninguém nasce se não tiver morrido. Portanto, o nascimento no plano em que ora vivemos, somente foi possível, por causa da "morte" no plano espiritual (ou astral), do mesmo modo que a "morte" na esfera humana é o nascimento no mundo espiritual (ou Reino dos Céus). O Espí-

---

[2] *O Espírito, este Desconhecido*. Ed. Melhoramentos. SP. 1990.

rito encarna (nasce) e o Espírito desencarna (morre). O nascimento e a "morte" sucedem-se no ritmo eterno da evolução anímica, como os dias e as noites, no ritmo da rotação de nosso orbe. Se o berço fosse o início da vida, nada mais lógico e natural que o túmulo encerrasse o seu fim, de conformidade com a crença materialista. Mas o berço representa apenas o começo de uma nova fase para o Espírito no plano terreno, e o túmulo não representa em hipótese alguma o seu ponto final.

Os próprios estudos demonstram que as diferentes tendências entre os seres humanos, mesmo os que tiveram idêntica educação no lar, são reflexos de existências passadas que o Espírito traz em um novo estágio. Antes mesmo dessa confirmação científica atual, há milênios essa crença é viva aos bilhões de seres humanos que vivem no Oriente. Portanto, o que a Doutrina Espírita traz não é novidade nesse campo, mas, sim, a comprovação científica desses fatos e, por ser científico, traz as nomenclaturas específicas, como: *Espiritismo, Perispírito, Erraticidade, Umbral*, entre muitos outros que a doutrina registra.

Do mesmo modo que o Espírito encarnado sofre a influência do espaço (extensão) e tempo (duração), em concordância com a matéria mais grosseira que forma o corpo chamado de carne, e nos traz grandes dificuldades; nos planos logo acima deste, o Espírito segue sua trajetória evolutiva com um outro corpo, o Perispírito, também material perante o Espírito, mas muito mais refinado e leve, que também irá encontrar resistência de espaço e tempo, com relação aos planos acima do qual vivencia, por serem aqueles de energias ainda mais puras.

Portanto, a imortalidade do Espírito já passou da esfera do abstrato e da fé, seguindo firmemente para a razão e a investigação, afirmando-se como realidade incontestável. Ficando patente não ser produto da concepção como as religiões pregam para tentarem justificar a existência única, fugindo das evidências evangélicas, das filosofias e da ciência. O Espírito traz consigo, ao reencarnar, os traços de sua origem calcada em sua personalidade pretérita, como também as heranças morais, advindas da genética espiritual e a conseqüente genética material, por sua vez, advindas dos pais, avós e tios. Sem qualquer dúvida, o Espírito é a sede da inteligência, da vontade, do sentimento e do amor, e tem a sua gênese na fonte eterna da Vida: Deus. Jesus bem diferenciou as duas partes, com estas palavras: "O que é nascido da carne é carne e o que é nascido do Espírito é Espírito".[3]

Ficando evidente que qualidades morais e intelectuais não se herdam, visto não resultarem da carne nem do sangue, mas do grau de adiantamento conquistado pelo Espírito, mediante experiências e lutas sucessivas. Assim atestam as diferenças que se verificam entre os homens, em geral, como também entre os próprios irmãos, nascidos dos mesmos pais, criados no mesmo ambiente, recebendo idênticas influências e educação.

Ainda reforçamos que se não houvesse no ser humano além de matéria, o Espírito; não poderíamos constatar, durante o sono físico, no qual os cinco sentidos repousam, a incessante atividade nos planos espirituais acima do nosso.

O mesmo regozijo com que acolhemos os recém-chegados, por meio do berço da reencarnação, verifica-se, a seu turno, do outro lado, quando o Espírito retorna às mansões da espiritualidade, ponto de partida e de chegada, após as refregas da jornada terrena. As lágrimas de cá correspondem às alegrias de lá, pela volta do Espírito que, despindo a indumentária carnal, regressa vitorioso aos seus antepassados, quando é esperado de braços abertos para a eterna evolução a caminho do Criador.

---

[3] *João, Cap.* 3:6.

Do exposto resulta que a "morte", no sentido de aniquilamento ou de fim, como a expressão usada pela Igreja *"finados"*, é a maior ilusão dos sentidos e dos fabricantes do temor, tornando-se uma miragem fatal que irá confundir e desnortear os menos prudentes no saber das realidades, na hora do desencarne.

Por derradeiro, a evolução, a reencarnação e a imortalidade são atributos inseparáveis, inerentes à mais maravilhosa e positiva de todas as evidências que arrebatam e deslumbram a inteligência humana: a Existência Eterna!

Capítulo 14

A ressurreição e a reencarnação

Quando o Divino Mestre recomendava aos discípulos: "ressuscitai os mortos"[1], como sempre o fazia, era com pensamento na vida real, que é a vida espiritual aquilo que Ele já anunciava em Sua época e com as seguintes palavras:"Meu Reino não é deste Mundo"[2]. Assim, referia-se aos mortos para o mundo espiritual e não os mortos na carne, que, cientificamente, está comprovado ser irreversível esse estado. É onde entra ter "olhos de ver" e "ouvidos de ouvir". Esses referenciados, na realidade, tratavam-se dos vivos na carne e mortos para o Espírito.

Dentro desses estudos se encaixam, perfeitamente, as "*mortes aparentes*", as quais ainda ocorrem em nossa Idade Contemporânea; o que dizer no tempo do Cristo na Terra. Fato típico e de conhecimento de todos Cristãos é o de Lázaro[3] que, na época, entenderam como ressuscitado dos mortos, mas, na verdade, tratava-se de "*morte aparente*", denominada por *letargia* ou *catalepsia*, *que* já estudamos; pois, o próprio Jesus afirmou: "Nosso amigo Lázaro dorme".

---

[1] *Mt. 10:8.*
[2] *João 18:33.*
[3] *João 11:11.*

O que é então ressurreição? Ressurreição, do latim *resurrectione*, é o ato ou efeito de ressurgir ou ressuscitar.[4] Entende-se ainda como uma cura surpreendente ou imprevista, ou, ainda, figuradamente, como vida nova, restabelecimento e renovação. Como se percebe, em nenhum caso refere-se à volta da vida extinta, mas, sim, fazer voltar à vida já existente, ou seja, restaurar ou renovar. Para maior esclarecimento, hoje em dia usa-se, corretamente, a expressão *ressuscitação* nas manobras médicas e de aparelhagem sofisticada para restaurar a vida daquele que está "por um fio" ou "aparentemente morto".

No Credo Católico afirma-se que há a ressurreição da carne, – couro era aceito pelo Cristianismo antigo, contudo não pelo primitivo e muitos da atualidade. Por que, então, continua a se orar o Credo nas missas, com essa expressão "ressurreição da carne?" Na verdade, a ressurreição da carne é uma analogia com a ressurreição do Espírito. Essa ressurreição, pois, só tem sentido, quando vista como mais uma nova transmutação de elementos da Natureza, que formam a chamada "carne" (energias das mais densas do planeta), para constituir mais uma morada ou instrumento da manifestação de um Espírito, que é, na realidade, o que ressurge, ressuscita.

A própria palavra ressurreição, no seu sentido teológico tradicional, significa reencarnação, pois consiste no Espírito voltar a ter novamente um corpo, ou seja, ele adentra em um corpo de carne, mas não com as características fisionômicas do anterior. Entendendo-se, assim, nascimento e "morte" de um corpo; os dois pólos de uma vida que não se extingue, mas simplesmente se desliga de um corpo que não tem mais vitalidade e, posteriormente, retorna em um outro com condições propícias para nova jornada terrestre, a caminho da Luz.

---

[4] *Novo Dicionário Aurélio Buarque de Holanda Ferreira*. Editora Nova Fronteira. Versão 3.0.

Portanto, o dogma da ressurreição da carne ensinada pela Igreja é a própria consagração da reencarnação, pois, se o primeiro (ressurreição) é contrário às Leis Físicas, a segunda (reencarnação) não o é, cabendo, perfeitamente, aos ensinos evangélicos. Em razão da evolução que deverá ocorrer na Igreja, atualmente existe uma corrente liderada pelo ex-sacerdote, Leonardo Boff[5], o qual tem ganho muitos adeptos; a qual prega a ressurreição para logo depois da "morte" do corpo, ensinando que ressuscita a corporalidade, ou seja, a própria alma livre do corpo, que na realidade é o Perispírito e não o corpo de carne, assim, aos poucos, vai se chegando aos ensinos da Doutrina dos Espíritos.

Pelos ensinamentos de Paulo de Tarso, o São Paulo da Igreja, a ressurreição não será com este corpo de carne e ossos que temos, mas com um corpo diferente e transformado. Diz ainda, que o corpo ressuscitado será um corpo espiritual e não material, ou seja, de idêntica densidade energética, e confirma: "Carne e sangue não podem herdar o reino de Deus"[6]. Complementando diz: "Há corpos celestiais e corpos terrestres"[7]. Mais ainda a idéia da reencarnação fica clara no seguinte texto: "Mas alguém dirá: como ressuscitam os mortos? E em que corpo vem?". Insensatos! O que semeais não nasce, se primeiro não morrer".[8] A semente representa a vida em que está presente o Espírito, que semeado (reencarnado), vem à Terra, recebendo um corpo de conformidade com suas necessidades evolutivas. É o que chamamos de reencarnação.

Ainda nos escritos aos Coríntos. I – 15:44, discorre com muita clareza: "Semeia-se corpo natural (material), ressuscita-se corpo espiritual (perispírito)". É justamente com esse cor-

---

[5] *Saber Cuidar*. 5ª Edição. Sextante. Petrópolis-RJ. 1999.
[6] I Cors.15:5.
[7] I Cors. 15:40.
[8] I Cors. 15:35/36.

po perispiritual que os videntes vêem os Espíritos e eles se materializam. A própria *ressurreição* de Jesus, em alguns casos, tratava-se de vidência (por exemplo: A visão que Maria teve de Jesus no sepulcro e foi recomendado para que não O tocasse, pois ela somente via com os olhos do Espírito e não era tangível). Em outros casos, tratava-se de materialização (oportunidades em que esteve tangível para os discípulos). Foram manifestações espirituais que a Doutrina Espírita explica, cientificamente, e não caso de milagres como muitos estão sendo induzidos. Acertadamente, João Evangelista afirma:[9] "O espírito é que vivifica, a carne para nada aproveita".

Os que mais discordam da reencarnação são aqueles que fazem interpretações errôneas dos ensinamentos evangélicos, como por exemplo, o registro do próprio Paulo que diz: "... aos homens está ordenado morrerem uma só vez..."[10]. Concordamos com ele, pois não se conhece homem algum que morreu na carne e retornou com o mesmo corpo físico. Paulo deu esses ensinos para abrir a mente daqueles que acreditaram ter Jesus ressuscitado Lázaro; distraídos da confirmação de Jesus na época: "...nosso amigo Lázaro adormeceu"[11]. Assim, não há qualquer discordância com Paulo que, em vários outros registros em suas epístolas, registra a existência do Perispírito (corpo espiritual) e da reencarnação.

Mesmo Pedro que conviveu com Jesus, ao ouvir estas revelações, dizia: "... há certas coisas difíceis de entender".[12] São necessários "olhos de ver" e "ouvidos de ouvir" para o Espírito entender.

Para finalizar estes estudos, nos quais nos socorremos dos relatos evangélicos do Apóstolo Paulo, não podemos deixar de

---

[9] *João 6:63*.
[10] *Hebreus 9:27*.
[11] *João 11:11*.
[12] *Pedro II 3:16*.

tratar de mais uma polêmica que a Igreja levantou, por interpretação distorcida da realidade de seus ensinos, sobre este outro registro epistólico: "(...) o salário do pecado é a "morte"". [13] Sem qualquer dúvida, a "morte" do corpo físico é em razão da existência da maledicência do ser humano, chamada pela Igreja de "pecado". Enquanto existir nas condutas dos Homens o mal contra seus irmãos e contra a Natureza; esse mal terá de se voltar contra si mesmo, razão da "morte" desse corpo já desgastado, para o mesmo Espírito retornar em um outro para os devidos equilíbrios dos seus erros. Portanto, se um Espírito renasce é porque ainda não se libertou do pecado, ou seja, dos seus erros praticados. Ao se libertar não mais voltará a reencarnar, a não ser em missões, que somente engrandecerá seu Espírito.

O Mestre Divino, no momento maior do Seu suplício, com suas derradeiras vitalidades na carne, dirigi-se a Deus: "Pai, em Tuas mãos entrego meu Espírito".[14] Não fala nada em corpo de carne, mas, sim, em Espírito, próprio para vivência em Seu Reino, o espiritual. E, "o que é pó volte à terra como o era, e o que é Espírito volte a Deus, que o deu".[15]

"Não vos prendais à letra que é assassina, mas ao Espírito da letra". (Paulo 2, Cors. 3:6)

Estes são os verdadeiros casos de *ressurreição e reencarnação*.

---

[13] *Rom. 6.23.*
[14] *Lucas 23:46.*
[15] *Eclesiastes 12:7.*

Capítulo 15

O que seria a segunda "morte"?

Tanto o nosso corpo carnal quanto o corpo espiritual, são formados por energias. O primeiro, uma energia mais densa e grosseira; e o segundo, uma energia já mais sutil. Nas inúmeras vivências que já passamos nos dois planos, referentes ao nosso planeta Terra, têm com o fim de equilíbrio e evolução espiritual. A cada passo, ou a cada degrau de progresso conquistado, nosso Espírito ganha certas energias positivas que, automaticamente, "queimam" as energias negativas.

Com esse processo vinculado às Leis Imutáveis de Deus, o Espírito, pouco a pouco, vai perdendo parte do seu corpo semimaterial, que é o Perispírito, e ganha mais brilho e mais luz, o qual, ao reencarnar, também irá influenciar na maior formosura do corpo físico, bem como em sua textura energética. Em conseqüência, menos sofrimentos, menos dores. Esse Espírito, nessas conquistas energéticas positivas, ganhará condições de vivências, em plano mais ascendente do último que teve, a caminho do Criador.

Quanto à jornada do Espírito no plano espiritual, ocorrerá, identicamente, ao do nosso plano material. Tomamos como exemplo o mecanismo que acontece, aqui encarnado, para entrarmos em contato com o mundo dos Espíritos. Faz-se uso do que chamamos, cientificamente, de *mediunidade*, e por meio dela entra-se em sintonia com o mundo espiritual. Entre os vários tipos de *mediunidade* existentes, vamos dar o exemplo do *sonambulismo*[1], que consiste em o Espírito desprender-se da matéria mais grosseira, consciente ou inconsciente, ficando em condições de adentrar num plano espiritual de afinidade fluídica e lá ter contato com outros Espíritos desencarnados da mesma freqüência energética, ou mais inferior.

No plano espiritual, também ocorre esse processo identicamente e trazemos exemplo descrito no livro *Nosso Lar*[2], no qual o Espírito André Luiz narra que, durante concentração ou meditação do seu Espírito, o Perispírito desprendeu-se deste com o *corpo mental,* e assim teve condições de também adentrar no plano mais elevado do que o seu, e lá ter contato com sua genitora desencarnada já há algum tempo. Esta ocorrência não deixa de ser um fato *mediúnico* na espiritualidade.

Com esses esclarecimentos quero chegar ao fato de que o Perispírito (ou corpo espiritual, astral, etc.) com o progresso conquistado nos dois planos, aos poucos, vai perdendo as energias mais densas e ficando com esse corpo mais rarefeito e iluminado, fazendo jus a planos mais altos, em conformidade com as suas energias.

Assim, sucessivamente, o Perispírito, na caminhada eterna, irá tornando-se cada vez mais purificado, até que um dia tornar-se-á Luz, perdendo tudo que tinha ainda de matéria. O que, na realidade, está sendo chamado de *segunda "morte"*, por desaparecer o corpo espiritual. O Espírito André Luiz[3] diz que: "Teve notícias de amigos espirituais que perderam o veí-

---

[1] *O Livro dos Espíritos*. Allan Kardec. Mundo Maior Editora. SP. 2000.
[2] Francisco Cândido Xavier. Editora da Federação Espírita Brasileira. RJ. 46ª Edição. 1997.
[3] *Libertação*. Francisco Cândido Xavier. FEB, 5ª Edição, Cap. 6º, p. 85, 1971.

culo perispiritual, conquistando planos mais altos", como, também, em suas observações espirituais constata obsessores que perderam a forma perispiritual, tornando-se um tipo de "esferas ovóides", em conseqüência de suas grandes maldades. Em complemento a essa afirmação, Gúbio, instrutor de André Luiz, afirma: "O vaso perispirítico é também transformável e perecível...".

O escritor Gunther Rombach[4] afirma que o Espírito, ao perder o Perispírito ou o Corpo Espiritual, usará o Corpo Mental, não mais constituído de qualquer tipo de matéria. Acreditamos que o Corpo Mental não é constituído de qualquer tipo de matéria do nosso conhecimento evolutivo aqui neste orbe; todavia, ainda possui um tipo de corpo que foge dos estudos atuais.

---

[4] *Alemão Materialista Tornou-se Espírita*. Editora Opinião E. Ltda. 1ª Edição. p. 185. 1999.

Capítulo 16

Como treinar para a "morte"?

A preocupação com a sobrevivência, além-túmulo, sempre foi grande no ser humano, razão que nos leva a tecer algumas linhas com propostas de condutas imprescindíveis para uma passagem deste mundo físico para o extrafísico, sem dissabores e surpresas.

Temos consciência da dificuldade de se seguir uma técnica para esse fim, em razão das dificuldades para nos desprendermos de culturas, de conceitos, de crendices e dos diferentes ensinamentos religiosos, quanto ao que nos espera depois da "morte" do corpo orgânico.

Identicamente à Ciência que estuda, pesquisa e determina fatos materiais comprovados, a Religião deveria, por sua vez, trazer à luz do entendimento dos seus seguidores as revelações que há muito já se sabe, e não ocultar tais conhecimentos com a pretensão de serem os detentores das verdades divinas.

O grande cientista do século passado, Albert Einstein, afirmou com enorme convicção que: "a Ciência sem a Religião é manca, e a Religião sem a Ciência é cega". Ora, a ciência em muitos casos, principalmente nas enfermidades, não vem conseguindo as curas esperadas, quando então, já não vem caminhando normalmente, mas, sim, mancando, necessitando da Religião, não a tradicional, mas a religião científica. Por outro lado, há muito presenciamos a cegueira nas religiões por não admitirem a ciência no que vier a contrariar seus dogmas. Entre esses fatos, o reconhecimento do erro da Igreja, quanto à teoria de Galileu Galilei.

O caminho para o túmulo inicia-se logo no primeiro dia do berço e, nessa caminhada, precisamos tomar consciência, por meio de estudos esclarecedores, de onde viemos, o que estamos fazendo aqui e para onde iremos após a "morte" do corpo material.

Para esse fim, em princípio, passamos a elaborar o que chamamos de "Os Dez Mandamentos para um Bom Desencarne", baseado em instruções do Espírito Irmão X[1] que, na realidade, são as condutas que mais prendem o Espírito na matéria, após o desencarne, trazendo conflitos, dores e sofrimentos.

I – Renovação dos Maus Hábitos.

II – Diminuição do desregramento alimentar.

É tido na espiritualidade como "cemitério" o órgão intestinal em razão da grande quantidade de alimento animal, principalmente, a carne, a qual deixa nesse órgão, resíduos das energias advindas dos animais abatidos em larga escala; energias essas, que impregnam o corpo espiritual, levando ao Espírito desequilíbrio e sofrimento.

III – Dissociar o álcool.

Já aqui na Terra a estatística aponta o alto índice de ocorrências ilícitas provenientes da bebida alcoólica, desgraçando vidas e famílias, além de trazer para o próprio alcoólatra distúrbios no sistema nervoso e o indicativo alto de doenças gra-

---

[1] *Cartas e Crônicas*. Francisco Cândido Xavier. FEB. 1966. RJ.

ves. Na espiritualidade, prosseguem as conseqüências desastrosas iniciadas na sociedade material, afetando o desequilíbrio espiritual e sofrendo assédio dos obsessores desencarnados.

IV – Desabitualizar o uso do fumo.
Largamente é noticiado pelos órgãos científicos o efeito nocivo da nicotina no corpo físico, com realce nos aparelhos respiratório e digestivo, nos quais essa química é fator de desenvolvimento de doenças que abreviam a vivência corporal. Os reflexos dessas doenças e o hábito pernicioso do fumo são impregnados no Perispírito, que além de impedir o desenvolvimento da luz no Espírito, prende-o na crosta terrestre imantado a outros com os mesmos hábitos aqui encarnados. Mesmo sendo merecedor por outros atos praticados na seara do bem terá de ser submetido a longo período tratamental, nos hospitais do mundo invisível aos nossos olhos, para a recuperação dos órgãos afetados nesse corpo sutil.

V – Eliminar a dependência química:
O maior flagelo de nossos dias é, sem dúvida nenhuma, as chamadas "drogas", referentes à morfina, heroína, cocaína, maconha (*sativa cannabis L*) e os barbitúricos, que trazem transtornos irreparáveis na mente e no corpo. Com o desencarne, não haverá qualquer "milagre" com respeito a mudança de hábitos ou vícios, ao contrário, mais se acentuará a procura desesperada pelas "drogas" por existir certa liberdade do Espírito nos encarnados com as mesmas dependências, criando-se a chamada obsessão.

VI – Equilibrar os apetites sexuais.
A relação sexual equilibrada é o ato responsável pela troca energética entre os dois sexos e a bênção divina na procriação e na oportunidade da reencarnação para o seguimento

evolutivo dentro da eternidade. Entretanto, recebe-se, constantemente, notícias do mundo maior de Espíritos em situações terríveis por terem carregado em si o "inferno" criado pelas paixões nos desajustes sexuais.

VII – Desentesourar do âmago as riquezas materiais.

Toda conquista de bens materiais, riquezas em metais preciosos ou em dinheiro, ocorre, na realidade, somente posses temporárias que se usufrui entre o berço e o túmulo, pois fora desse período não existe qualquer possibilidade de uso delas no mundo dos espíritos. Assim sendo, deve-se usufruir esses bens necessários na vivência da sociedade material. Entretanto, procurar não se apegar demasiadamente a elas, tornando-se em paixão que refletirá no Espírito após o desencarne, o qual, ficará preso àquelas posses que perdera. Recomendável, quando possível, antes do desencarne, promover as devidas transferências para quem de direito ou até em forma de doações e ficará livre de quaisquer transtornos no mundo extrafísico.

VIII – Desapego aos entes familiares.

Os laços consangüíneos são laços temporários na matéria, entre o nascimento e a "morte" física, fato concreto esse que não se leva muito em conta e acaba se apegando, demasiadamente, com os entes queridos, esquecendo-se que dia a mais, dia a menos, haverá uma separação com a "morte" física que poderá somente ser temporária ou mesmo definitiva, considerando o possível reencontro na espiritualidade ou não.

IX – Reconciliação com os possíveis adversários e inimigos.

Em nossa convivência material segue a norma de que o "amor uni" e o "ódio separa" as pessoas entre si. Exemplificando: quando se gosta, se ama, procura-se estar sempre juntos e sente-se muito bem, tendo em vista a afinidade fluídica positiva existente entre ambos, enquanto que, por um motivo ou outro, criou-se uma inimizade ou até rancor, procura-se distância quanto maior é melhor. Aqui na Terra ainda existem os meios de se estar juntos, entre quatro paredes ou pelas distâncias que separam do convívio. Já na espiritualidade, é, ao contrário, o amor que torna o Espírito liberto para qualquer lugar, enquanto que o ódio prende junto àquele que seria adversário ou inimigo, pelo campo vibratório criado entre eles.

X – Trabalhar e Estudar Sempre.

A evolução se faz necessária para os Espíritos, em razão de terem sido criados na simplicidade e ignorância em tudo, para que, com o trabalho e a dedicação de cada um, conquiste a luz do Espírito para galgar mundos superiores a caminho da eternidade. Aquele que não seguir esta rota nas diversas reencarnações que teve, e que ainda terá; estará atrasado em relação a outros que aproveitaram estes caminhos.

De uma forma geral, poderíamos dizer que o treino para a "morte" física deveria estar fundamentado na educação religiosa sobre a vida eterna do Espírito e das conseqüências de todos seus atos praticados nesta jornada terrestre. Infelizmente, muitas religiões não têm esse pensamento nem esse entendimento.

Uma existência terrena, seguida dentro da Lei Divina é uma infalível receita para se chegar à felicidade, após a chamada "morte".

Capítulo 17

A "morte" súbita da "morte"!!!

Nestes estudos, trouxemos apurações concretas de que onde existe movimento, existe a vida, seja qual for o plano do Universo, material ou espiritual, por ser o movimento a ação da vida; já não mais se aceitando a "morte", de nada, no sentido de fim. Assim sendo, na dinâmica da vida, o nascer, crescer, reproduzir, viver e morrer, constituem um processo evolutivo físico e extrafísico, presente em todos os reinos da natureza, que a dita "morte" não consegue destruir. A prova é a afirmativa de Lavoiser de que "nada se cria, nada se perde, mas tudo se transforma". A própria ciência admite que, por si só, não pode a matéria organizar e produzir a vida, restando a procura dessa força invisível no Espírito.

Cientistas contemporâneos chegaram à conclusão de que a matéria deste orbe terrestre e de tudo que lhe é constituído é pura energia, "energia congelada", ou seja, energia pulsando em baixíssimo padrão vibratório que se solidificou ou densificou. Portanto, o corpo humano é o resultado desse processo energético, culminando em células aglutinadas, que refletem as condições do Espírito.

A própria física quântica nos diz que as coisas invisíveis são mais importantes do que as visíveis, devendo-se observar tudo pelas suas causas, que são as invisíveis, e não pelos seus efeitos, que são as visíveis. As novas descobertas da Ciência trazem o conhecimento da existência de *matéria* muito mais etérea e sutil que a nossa, a qual não provoca nenhuma impressão aos cinco sentidos humanos; todavia, é uma *matéria*. É a matéria do chamado "Mundo Paralelo". Na realidade de tudo, como afirma o Espírito Emmanuel: "a matéria não existe".

Vivenciamos momentos de darmos adeus, não mais aos que partem desta caminhada, na qual fizeram uso do corpo mais denso, energeticamente, mas, sim, para as Teologias e seus Dogmas seculares, que só trouxeram incompreensão e temor ao Homem. Agora o momento é outro e os caminhos e as portas estão abertas a todos os que se empenham em conhecer, pela fé e razão, o despertar definitivo para a "Vida Eterna".

Cícero considerava que: "filosofar é preparar-se para a "morte"" e Sêneca dizia que: "ninguém desfruta o verdadeiro gosto para a vida, até que esteja pronto para abandoná-la".

As condições boas ou ruins para o Espírito, após a partida deste plano, dependem exclusivamente de suas conquistas ou perdas morais. Do resultado delas restará o equilíbrio ou o desequilíbrio. O primeiro terá como conseqüência a liberdade evolutiva; o segundo, estagnação e sofrimento.

Sócrates, por sua vez, fez memorável recomendação para todos os seres humanos: "Conheça-te a ti mesmo", não se referindo ao conhecimento dos defeitos ou das qualidades de cada um, mas àquelas guardadas, à chave, no "baú" do inconsciente que se reportam às conquistas intelectuais de vivências pretéritas. Para essa aquisição basta o estudo das leis da natureza física e espiritual, banhada com meditação periódica. Procedimentos esses que gerarão energias propícias para abrir o "baú" com todo o tesouro já conquistado. Com o arrebatar do que nos pertence e que ninguém jamais roubará, ocorrerá a dilatação do intelecto e o aprimoramento da mediunidade, quando, então, já não se viverá somente para esta existência material mais grosseira. Porém, também para a vivência com a espiritualidade, oportunidade que se perceberá não existirem dois mundos (material e espiritual), mas, sim, um único mundo a do planeta Terra.

É quando entra a "reforma íntima", tão necessária para a troca energética negativa para a positiva, que cada um carrega em si, sendo a primeira, na maioria absoluta das vezes, a responsável pelo trancamento, no inconsciente, das aquisições passadas, aguardando as segundas, que serão compatíveis para abrirem esse compartimento mental. Por outro lado, tudo o que for de ruim e negativo, com a nova reencarnação, será exteriorizado da mente para o novo corpo, que ajudará, aos poucos, a desobstruir o conhecimento dessas qualidades.

Nesse processo energético, encontra-se a resposta do questionamento: Se já se viveu inúmeras vezes e, em conseqüência, já se "morreu" tantas outras vezes, por que o medo da "morte?" Justamente por causa dessas energias negativas, advindas de práticas infelizes, encobrirem tudo que já foi conquistado, inclusive a vitória sobre a "morte". Todos têm condições de adquirir esses conhecimentos, por intermédio dos estudos e práticas da ciência da Doutrina dos Espíritos.

Motivo que se deve estar voltado sempre para o próprio íntimo, donde se recebe, constantemente, a resposta de que não existe a "morte", pois, para o Espírito este fato está patenteado em razão de sua liberdade durante o sono do corpo físico, no qual constata essa realidade. Pode-se estar com o corpo biológico mais denso envelhecido, mas nosso pensamento não aceita, em razão que o Espírito não envelhece. Ouve-se ainda que "morte" é o contrário de vida, puro engano, pois o antônimo de "morte" é nascimento, ambos relacionados com o processo de materialização do corpo biológico, concluindo-se que "morte" nada tem a ver com vida e existência.

Dia chegará em que a "morte" física será para o Espírito o coroamento, advindo do estágio de provas e experiências que teve, usufruindo nos planos espirituais, a caminho da perfeição possível neste mundo Terra. A tão esperada Nova Era já está raiando para nosso planeta, aguardando-se somente que certas consciências se despertem para esta realidade, ou, então, terão de se submeter a novas caminhadas espinhosas, em outros mundos, para que tal despertar surja também neles, com o desfavor do atraso que sofrerão na jornada evolutiva deste planeta e que estavam a poucos passos.

O Cristo de Deus, há dois mil anos, patenteou a imortalidade do Espírito. Entretanto, a Religião mostrou-se impotente para tal demonstração, com razão e lógica, transmitindo até a atualidade uma fé cega e distanciada da Ciência, levando a incredulidade a muitos que se distanciam das Igrejas e desacreditando de seus "representantes", tornando-se céticos. Assim, foi preciso a Ciência tomar à frente e trazer as Verdades do Cristo, para demonstrar a inexistência da "morte" e a verdade da Vida Eterna.

Rememorando, mais uma vez, as felizes palavras de Albert Einstein, da grande realidade: "A Ciência sem a Religião é manca e a Religião sem a Ciência é cega". Enquanto que a Religião, ligada à Igreja, encontra-se desligada da Ciência, esta, ao contrário, vem ao encontro da Religião raciocinada, confirmando-a, pois, sem esta, manca e não encontra a concretização de suas pesquisas.

Jesus já profetizava estes acontecimentos, razão que O levou a prometer "Outro Consolador", o "Espírito de Verdade"[1] (que só traz a verdade) que "haverá de lembrar tudo que Ele havia dito (seus ensinamentos primitivos, sem qualquer interferência humana) e ensinará todas outras coisas mais" (o que as Igrejas não estão fazendo). Hoje se mostra, com todas

---

[1] *João 14:16/26.*

as razões e a todas inteligências, que felizes são os que já se desprenderam do egoísmo, do orgulho e da ganância, pois verão com outros olhos a realidade que há séculos foi prometido para esses "tempos chegados": A Verdade.

Trazendo, ainda, uma inovação, quanto à revelação e à divulgação das Leis Imutáveis de Deus. *A Universalidade dos Ensinos*. Esses ensinos, que vieram dos Espíritos prepostos de Jesus e que Allan Kardec codificou em livros com uma didática superior, constituem a Luz do Cristianismo. É um trabalho uniforme por toda parte do nosso orbe planetário, em conexão com todos planos espirituais, por vezes, aparecendo com nomes diferenciados, mas com as mesmas idéias e com o escopo de aprimorar a Humanidade para o seu novo passo progressivo. São os "tempos chegados".

Já não há mais espaço para a fé prescrita, em virtude da fé ser o resultado do conhecimento de cada um, como também, não mais se deve dizer: eu creio, mas, sim, eu entendo e eu posso. Daí a assertiva do Mestre da Codificação do Espiritismo: "Fé inabalável só o é a que pode encarar frente a frente a razão, em todas as épocas da Humanidade".

Graças a Allan Kardec que "matou a morte" podemos hoje repetir que realmente "ninguém morre". A vida é inextinguível. Com a desagregação do corpo denso, o Espírito, sem qualquer interrupção, segue com o corpo menos denso sua trajetória para Deus. A vida futura deixa de ser uma hipótese para ser uma realidade.

    Assim, este trabalho, que tive a honra de associar a outros insignes e preclaros precursores da *Vida Eterna*, vem trazer a *"Morte" Súbita da "morte"*.

Bibliografia

ALMEIDA, João Ferreira. (Tradução) Bíblia Sagrada, Sociedade Bíblica do Brasil, RJ, 1960.

ALVES, Ricardo Barbosa. Eutanásia, Bioética e Vidas Sucessivas, Editora Brazilian Books, Sorocaba-SP. 2001.

BOFF, Leonardo. Saber Cuidar, 5ª ed., Sextante, Petrópolis-RJ. 1999.

_____. Oração de São Francisco, Sextante, Petrópolis-RJ. 1999.

BOZZANO, Ernesto. Os Enigmas da Psicometria, Federação Espírita Brasileira, RJ.

_____. Metapsíquica Humana, Federação Espírita Brasileira, RJ, 1980.

CANHADAS, Enéas Martim. Matéria de sua autoria, SP, 2004.

CHARON, Jean. O Espírito, este Desconhecido, Editora Melhoramentos, SP. 1990.

CIAMPONI Durval. Perispírito e Corpo Mental, Editora Federação Espírita de São Paulo, SP, 1999.

CONSTITUIÇÃO da República Federativa do Brasil. Senado Federal, Centro Gráfico, Brasília, DF, 1998.

CÓDIGO Penal. e Código de Processo Penal. Editora Revista dos Tribunais, SP, 1999.

CÓDIGO Civil. Organizador Juarez de Oliveira, Editora Saraiva, SP, 45ª ed., 1994.

DEL CHIARO, Amílcar Filho. Tirando Dúvidas II, Mundo Maior Editora, SP, 2004.

DELLANE, Gabriel. A Evolução Anímica, Editora da Federação Espírita Brasileira, RJ, 1992.

DENIS, Léon. Depois da Morte, Editora da Federação Espírita Brasileira, RJ, 17ª ed., 1897.

_____. O Grande Enigma, Editora da Federação Espírita Brasileira, RJ, 1991.

_____. O Problema do Ser, do Destino e da Dor, Editora da Federação Espírita Brasileira, RJ, 1993.

D'HALLUIN, Maurice. La Mort Cette Inconnue, 2ª ed. Paris, França.

FERREIRA, Aurélio Buarque de Holanda. Dicionário Aurélio Básico da Língua Portuguesa, Editora Nova Fronteira, RJ, 1988.

FLAMARION, Camille. Contemplações Científicas, Paris, França.

FRANCO, Divaldo Pereira. Espírito Joanna de Ângelis, Após a Tempestade, Editora Livraria Espírita Alvorada Editora, Salvador-BA, 1974.

_____. Espírito Joanna de Ângelis, Mediunidade –Encontro com Divaldo, Mundo Maior Editora, SP, 2000.

_____. Espírito Joanna de Ângelis, No Rumo da Felicidade, Livraria Espírita Alvorada Editora, Salvador-BA, 2001.

_____. Espírito Joanna de Ângelis, O Despertar do Espírito, Livraria Espírita Alvorada Editora, Salvador-BA, 2000.

_____. Espírito Joanna de Ângelis, O Homem Integral, Livraria Espírita Alvorada Editora, Salvador-BA, 2000.

_____. Espírito Joanna de Ângelis, Leis Morais Da Vida, Livraria Espírita Alvorada Editora, Salvador-BA, 1976.

_____. Espírito Joanna de Ângelis, Plenitude, Livraria Espírita Alvorada. Editora, Salvador-BA, 1996.

_____. Elucidações Espíritas, 2ª ed., Seja, São Gonçalo-RJ. 1992.

FRANCO, Divaldo Pereira. Espírito Joanna de Ângelis, Elucidações Psicológicas à Luz do Espiritismo, Livraria Espírita Alvorada Editora, Salvador-BA, 2002.

FREIRE, Antonio. Da Alma Humana, Federação Espírita Brasileira, RJ.

IMBASSAHY, Carlos. O Que è a Morte, Editora Cultural Espírita Ltda, SP, 1978.

KARDEC, Allan. O Livro dos Espíritos, Mundo Maior Editora, SP, 2000.

_____. O Evangelho Segundo o Espiritismo, Mundo Maior Editora, SP, 2000.

_____. O Livro dos Médiuns, Mundo Maior Editora, SP, 2004.

_____. O Céu e o Inferno, Mundo Maior Editora, SP, 2004.

_____. A Gênese. Mundo Maior Editora, SP, 2003.

_____. Obras Póstumas, Editora da Federação Espírita Brasileira, RJ, 1973.

KÜBLER-ROSS, Elizabeth. A Roda da Vida, Sextante, RJ, 1998.

_____. Sobre a Morte e o Morrer, Livraria Martins Fontes Editora Ltda, SP, 2000.

LAKHOVSKY, Georges. L'Éternité, La Vie et La Mort, França, 1932.

LORICCHIO, João Demétrio Sobrinho, Criminologia – Genética Espiritual, Mundo Maior Editora, SP, 2001.

_____. Vítima!? Nunca Mais, Mundo Maior Editora, SP, 2003.

LISSO, Wladimir. Doação e Transplante de Órgãos, Editora Federação Espírita de São Paulo, SP.

MAGALHÃES, Ricardo. O Poder Magnífico do Pensamento, Editora Novaluz, SP, 2000.

MARANHÃO, Odon Ramos. Curso Básico de Medicina Legal, Malheiros Editores Ltda, SP, 8ª Edição, 1996.

MOONDY, Raymond Jr. Vida Depois da Morte, 4ª ed., Nórdico-SP, 1979.

NOGUEIRA, Paulo Lúcio. Em Defesa da Razão, Editora Saraiva, SP, 1995.

PERALVA, Martins. Estudando a Mediunidade, Editora da Federação Espírita Brasileira, RJ, 1971.

PEREIRA, Yvonne. Memórias de Um Suicida, Editora da Federação Espírita Brasileira, RJ, 1954.

PINHEIRO, Luiz Gonzaga. Perispírito e Suas Modelações, Editora EME, Capivari-SP, 2000.

POWELL, Major Arthur E. Duplo Etérico, Editora Pensamento, SP.

RIZZINI, Carlos Toledo. Evolução Para o Terceiro Milênio, Editora O Clarim, Matão - SP, 1996.

ROMBACH, Günther. Alemão Materialista Tornou-se Espírita, Editora Opinião Ltda, SP, 1999.

SANCHEZ, Wladimir. Desmistificando o Dogma da Reencarnação, Edições IPECE, SP, 2002.

SANT'ANNA, Hernani T. Espírito Áureo, Universo e Vida, Editora da Federação Espírita Brasileira, RJ. 1980.

SANTA MARIA, José Serpa de. O Direito de Viver, Editora Otimismo Ltda, Brasília-DF, 2001.

SCHUTEL Cairbar. Gênese da Alma, Casa Editora O Clarim, Matão-SP, 1982.

SEIXAS, Eduardo. Espírito Napoleão Laureano, Grupo Napoleão Laureano, SP, 1991.

SILVA, De Plácido e. Vocabulário Jurídico, Editora Forense, RJ, 1997.

SILVA, José Afonso da. Curso de Direito Constitucional Positivo. Malheiros Editora Ltda, SP.

SIMONETTI, Richard. Quem tem medo da morte? Edição Lumini-SP.

SIMONETTI, Richard. Um Jeito De Ser Feliz, Gráfica São João Ltda, SP, 1994.

_____. Viver em Plenitude, Editora e Distribuição Gráfica São João Ltda, Bauru-SP, 1994.

UBALDI, Pietro. A Grande Síntese, 13ª ed., Fundação Pietro Ubaldi, Editora Munismo Ltda, Campos-RJ, 1981.

XAVIER, Francisco Cândido. Espírito Efigênio Vitor, Instruções Psicofônicas, Federação Espírita Brasileira, RJ, 1956.

_____. Espírito Emmanuel, Federação Espírita Brasileira, RJ.

_____; Heigorina Cunha, Espírito Lucius, Cidade no Além, Instituto de Difusão Espírita, Araras - SP, 1983.

_____. Espírito André Luiz, Ação e Reação, Editora da Federação Espírita Brasileira, RJ, 1956.

_____. Espírito Emmanuel, Pão Nosso, Editora da Federação Espírita Brasileira, RJ, 5ª Edição, 1950.

_____. Espírito Emmanuel, Emmanuel, Editora da Federação Espírita Brasileira, RJ, 16ª Edição, 1994.

_____. Espírito André Luiz, Nos Domínios da Mediunidade, Editora da Federação Espírita Brasileira, RJ, 1ª Edição, 1955.

_____. Espírito André Luiz, Evolução Em Dois Mundos, Editora da Federação Espírita Brasileira, RJ, 3ª Edição, 1971.

_____. Espírito André Luiz, Missionários da Luz, Editora da Federação Espírita Brasileira, RJ, 1970.

_____. Espírito André Luiz, Obreiros da Vida Eterna, Editora da Federação Espírita Brasileira, RJ, 8ª Edição, 1971.

_____. Espírito André Luiz, Nosso Lar, Editora da Federação Espírita Brasileira, RJ, 46ª Edição, 1997.

_____. Espírito Irmão X, Cartas e Crônicas, Editora da Federação Espírita Brasileira, RJ, 1966.

XAVIER, Francisco Cândido. Espírito André Luiz, Sexo e Destino, Editora da Federação Espírita Brasileira, RJ, 1975.

VALLE, Waldo Lima do. Morrer, E Depois? A União Editora, João Pessoa - PB, 1997.

ZIMMERMANN, Zulmino. Perispírito, Editora CEAK, Campinas-SP, 2000.

Boletim da Campanha de Preservação da Vida. EME Editora, 1994.

Diário de São Paulo. 18.07.04.

Jornal da Tarde. 06.08.03.

Matéria da Monografia do autor no Curso de Pós-Graduação em Criminologia.

Nova Enciclopédia Ilustrada. Folha de São Paulo, 1996.

Revista Internacional de Espiritismo. Março, 1935.

Revista Galileu, Por Arthur Fisher. Outubro, 1998.

Revista Internacional de Espiritismo. Casa Editora O Clarim, Matão - SP, 2004.

Revista O Mensageiro. On Line, Internet, 2003, Entrevista com Divaldo Franco.

Revista Veja. 09.02.93.

Site –www.feal.com.br. colunistas, SP, 2002.